（宋）蘇軾 撰

明成化本東坡七集

第二

國家圖書館出版社

第二六册目録

東坡續集十二卷（卷第四—五）

重刊明成化本東坡七集

東坡續集卷第四

書簡

與李方叔四首

久不奉書問爲愧遞中辱手書勞勉益厚無狀何以致足下拳拳之不忘如此比日起居何如今歲暑毒十倍常年雨晝夜不止病夫氣息而已想足下閉門著述自有樂事間從諸英唱和談論此可羨也何時得會合惟萬萬自重不宣

又

秋試時不審從吉未若可下文字須望鶚甲之捷也

暑中既不飲酒無緣作字時有一二輙為人取去無
以塞好事之意亦不頤旵下如此僻好也近獲一銅
鏡如漆色光明泠徹背有銘云漢有善銅出白陽取
為鏡清如明左龍右虎俌之字體雜篆隸真漢時字
也白陽不知所在豈南陽白水陽乎如字應作而字
使耳左月右日皆未甚曉更閑為考之

又

頃年於稠人中驟得張秦黄晁及方炢履常意謂天
不愛寶其獲盖未艾也比来經涉世故間闊四方更
欲求其似邈不可得以此知人決不徒出不有立於

先必有覺於後也如方𤓰飄然布衣亦幾不免淳甫
少游又安所獲罪遂斷棄其命言之何益付之清議
而已憂患雖已過更宜慎口以安晚節

又

承示喻長安君偶患臂痛不能舉某於錢塘武朝議
處傳得一方云其初本施渥寺丞者因寓居京師甜
水巷見乞兒兩足拳捺展子行渥嘗以飲食錢物遺
之凡期年不衰尋赴任數年而還復僦曩居則乞兒
已不見矣一日見於相國寺前行走如飛渥就問之
則曰遇人傳兩藥方服一料已能走耳服之立效其

後已傳數人皆神妙但手足上疾皆可服不拘男子婦人秘之秘之其方元只是王氏慱濟方中方但人不知耳慱濟誤以虎脛為虎腦便請長安君合服必驗朝雲者死於惠州久矣別後學書頗有楷法亦學佛法臨去誦六如偈以絶氣之惠州棲禪寺僧作亭覆之榜曰六如亭最荷夫人垂顧故詳及之、

與陳公密三首

途中喜見令子得聞動止之詳繼領專使手書且審即日尊體清勝感慰無量差借白直兜乘擔索一一仰煩神用孤旅獲濟荷德之心未易云喻来日晚方

達蒙里即如所教出陸至南華南華留半日即造宇下一吐區區預深欣躍

又

行役艱羈託庇以濟分既毋劑拯其衰疾此意豈可忘哉其餘言謝莫盡令子昆仲比辱書示未暇修書悚息悚息曹三班廉幹非常遠送愧感二絶句發一笑

又

窮途棲屑獲見君子開懷抵掌為樂未央公既王事靡寧某亦歸心所薄忽遽就别如何可言别後亟辱

惠書詞旨增重且審起居佳勝慰慰深矣某已度嶺已脫問鵩之憂行有見蝎之喜但遠德惘惘未忘于情新春保練以需驛召

與徐仲車

昨日既蒙言贈今日又荷心送盎然有得載之而南矣辱手教極甚厚愛孔子所謂忠焉能勿誨乎當書諸紳寢食不忘也

與吴秀才

某啓相聞久矣獨未得披寫相盡常若有所負罪廢淪落屏迹郊野初不意舟從便道有失修敬不謂過

子衡冒大熱間關榛莽曲賜臨顧一見灑然遂若平生之懽典刑所鍾既深歎仰而大篇璀璨健論抑揚蓋自去中州未始得此勝侶也欽佩俯求衰晚何以為對送別堤下恍然如夢覺陳迹具存豈有所遇而然耶留示珠玉正快如九鼎之珎徒咀嚼一臠宛轉而不忍下咽也未知舟從定作幾日計早晚過金陵當得欵奉

與彦正判官

古琴當與響泉韻磬並為當世之寶而鏗金瑟瑟遂蒙輟惠報賜之間赧汗不已又不敢遠逆来意謹當

傳示子孫永以爲好也然某素不鮮彈適紀老枉道見過令其侍者快作數曲拂歷鏗然正如若人之語也試以一偈問之若言琴上有琴聲放在匣中何不鳴若言聲在指頭上何不於君指上聽録以奉呈以發千里一笑也寄惠佳紙名荈重煩厚意一一捧領訖感怍不已適有少冗書不周謹

與毛澤民推官二首

公素人来得書累幅既聞起居之詳又獲新詩一篇及公素寄示雙石記居夷久矣不意復聞韶濩之餘音喜慰之極無以云喻久廢筆硯不敢繼和必識此

意會合無期臨書惘惘秋暑萬萬以時自厚寓居粗遣本帶一幼子来令者長子又授韶州仁化令冬中當挈家至此某已買得數畝地在白鶴峯上古白鶴觀基也已令斫木陶瓦作屋三十許間今冬成去七十無幾矧未必能至耶更欲何之以此神氣粗定他更無足為故人念者 聖主方設科求宏詞公儻有意乎

又

新居在大江上風雲百變足娛老人也有一書齋名思無邪閑知之寄示奇茗極精而豐南来未始得也

亦時復有山僧逸民可與同賞此外但緘而藏之耳佩荷厚意永以為好秋興之作追配騷人矣不肖何足以窺其粗遇不遇自有定數然非厄窮無聊何以發此奇思以自表於世耶敬佩来貺傳之知音感愧之極數日適苦壅嗽殆不可堪強作報減裂死罪

與陳輔之

某啓昨日承訪及病重不及起見愧仰深矣熱甚起居何如萬里海表不死歸宿田里得疾遂有不起之憂豈非命耶若得少駐復與故人一笑此又望外也力疾書此數字

與温公

春来景仁丈自洛還復辱賜教副以超然雄篇喜抃累日尋以出京無暇比到官隨分紛糾久稽裁謝悚怍無已比日不審台候何如某強顔忝竊中所愧於左右者多矣未涯瞻奉惟冀為國自重謹奉啓問

某再啓超然之作不惟不肖附託以為寵遂使東方陋州為不朽之盛事然所以獎與則過矣久不見公新文忽領獨樂園記誦味不已輒不自揆作一詩聊發一笑耳彭城嘉山水魚蟹爭訟寂然盗賊衰少聊可藏拙但朋遊闊遠舍弟非久赴任益岑寂矣謫居

窮僻如在井底杳不知京洛之耗不審迩日寢食何如某以愚暗獲罪咎自已招無足言者但波及左右為恨殊深雖高風偉度非此細故所能塵垢然某思之不啻芒背爾寓居去江無十步風濤烟雨曉夕百變江南諸山在几席此幸未始有也雖有窘乏之憂亦布褐藜藿而已瞻晤無期臨書惘然伏乞以時善加調護

與魯直二首

晁君寄騷細看甚奇信其家多異材耶然有少意欲魯直以已意微箴之凡人文字務使平和至足餘溢

為奇恠盖出於不得已爾晁文奇恠似差早然不可直云耳非謂其諱也恐傷其邁往之氣當為朋友講磨之語乃宜不知公謂然否

又

某啓方惠州遣人致所惠書承中塗相見尊候甚安即日想已達黔中不審起居何似云大率似長沙審爾亦不甚惡也惠州久已安之矣度黔亦無不可處之道如聞行囊中無一錢塗中頗有好事者能相濟給否某雖未至此然亦凛凛然水到渠成不煩預憂但數日苦痔病百藥不瘳遂斷肉菜五味日食淡麪

兩梡胡麻茯苓抄數盃其戒又嚴於魯直但未能作
文自誓且日戒一日庶幾能終之非特愈痔所得多
矣子由得書甚能有益於枯槁也文潛在南極安少
游謫居甚自得淳甫亦然皆可喜獨元老奄忽為之
流涕病劇久矣想非由遠適也幽絶書問難繼惟倍
萬保重不宣
有姪婿王郎名庠榮州人文行皆超然筆力有餘出
語不凡可收為吾黨也自蜀遣人来惠云魯直在黔
決當往見求書為先容嘉其有奇操故為作書然舊
聞大夫人多病未易遠去謾為一言眉山有程道誨

者亦奇士文益老王郎盖師之此兩人者有致窮之具而與不肖為親又欲往求魯直其窮殆未易瘳也

與陳傳道五首

某啓久不接奉思仰不可言辱專人以書為貺禮意兼重捧領惕然且審比来起居佳勝某以衰病難於供職故堅乞一閑郡不謂更得煩劇然已得請不敢更有所擇但有廢曠不治之憂耳而来書乃有遇不遇之説甚非所以安全不肖也某凡百無取入為侍從出為方面此而不遇復以何者為遇乎来使力告回匆匆百不盡一乍遠千萬自愛　又

衰朽何取而傳道昆弟過聽相厚如此數日前履常謁告自徐来宋相別王八子安偕来方同舟下信宿而歸又承傳道亦欲至靈壁以部役沂上不果佩荷此意何時敢忘又承以近詩一冊為賜筆老而思深蘄配古人非求合於世俗者也幸甚幸甚錢塘詩皆率然信筆一一煩收録祇以暴其短耳

又

某方病市人逐利好刋某拙文欲毀其板矧欲更令人刋邪當俟稍暇盡取舊詩文存其不甚惡者為一集以公過取其言當令録一本奉寄今所示者不惟

有脫誤其間亦有他人文也知日課一詩甚善此技雖高才非甚習不能工也聖俞昔嘗如此某近絕不作詩蓋有以非面莫究獨神道碑墓誌數篇爾碑蓋被旨作而誌文以景仁丈世契不得辭欲寫呈文多無暇聞都下已刊板想即見之也某頃伴虜使頗能誦某文以此知虜中皆有中原文字故為此碑謂富公碑也欲使虜知通好用兵利害之所在也昔年在南京有問僕此事故終之李公文集引得閑當作向所示集古文留子由處有書令檢送也　又

久不上問愧負深矣忽枉手訊勞來勤甚夙昔之好

不替有加兼審比来起居佳勝感慰兼集新舊諸詩
幸得敬覽不意餘生復見斯作古人日遠俗學衰陋
作者風氣猶存若家伯仲間近見報履常作正字伯
仲介特之操處險益勵時流熟知之者用是古之知
公議少伸耶傳道豈久莞庫者未由面談惟冀厚自
愛重而已

又

来詩欲和數首以速欲發此价故未暇閑居有少述
作何日見公昆仲當出相示宮觀之命已過忝矣此
外只有歸田爲急承見教想識此懷履常未及拜書

因家信道區區

與龐安常

端居静念思五臟皆止一而腎獨二盖萬物之所終始生之所出死之所入故也太玄罔直蒙酋冥罔為冬直為春蒙為夏酋為秋冥復為冬則此理也人之四支九竅凡兩者皆水屬也兩腎兩足兩外腎兩手兩目兩鼻皆水之升降出入也手足外腎舊説固與腎相表裏而鼻與目皆古未之言也豈亦有之而僕觀書少不見耶以理推之此兩者其液皆鹹非水而何僕以為不得此理則内丹不成此又未易以筆墨

究也古人作明目方皆先養腎水而以心火煖之以脾固之脾氣盛而水不下泄心氣下則水上行水不下泄而上行目安得不明哉孫思邈用磁石為主而以朱砂神麯佐之豈此理也夫安常博極群書而善窮物理當為僕思之是否一報某書

與王敏仲八首

某垂老投荒無復生還之望昨與長子邁訣已處置後事矣今到海南首當作棺次便作墓仍留手疏與諸子死即葬於海外庶幾延陵季子嬴博之義父既可施之子子獨不可施之父乎生不挈棺死不扶柩

此亦東坡之家風也此外燕坐寐照而已所云途中邂逅意謂不如其已所欲言者豈有過此者乎故覼縷此紙以代面別

又

某啓得郡既謝即不敢久留故人事有不周方欲奉啓告別遽辱惠問且審起居佳勝寵喻過實深荷奬借旦夕遂行益遠萬萬以時自重不宣

又

羅浮山道士鄧守安字道立山野拙訥然道行過人廣惠間敬愛之好為勤身濟物之事甞與某言廣州

一城人好飲鹹苦水春夏疾疫時所損多矣惟官員
及有力者得飲劉王山井水貧下何由得惟蒲澗山
有滴水岩水所從来高可引入城盖二十里以下耳
若於岩下作大石槽以五管大竹續處以麻纏漆塗
之隨地高下直入城中又爲一大石槽以受之又以
五管分引散流城中爲小石槽以便汲者不過用大
竹萬餘竿及二十里間用葵茆苫盖大約不過費數
百千可成然須於循州置少良田令歲可得租課五
七千者令歲買大筋竹萬竿作栰下廣州以備不住
抽換又須於廣州城中置得小房錢可以日掠二百

能興哀悚恐悚恐

又

聞遂作管引蒲澗水甚善每竿上須鑽一小眼如菉豆大以小竹針窒之以驗通塞道遠日久無不塞之理若無以驗之則一竿之塞輙累百竿矣仍頓公擘畫少錢令歲入五十餘竿竹不住抽換永不廢僭言必不訝也

又

富公碑詞甚愧不工公更加粉飾豈至是耶舟中病暑疲倦不謹恕之

又

某再啓林醫遂蒙補授於旅泊處衰病非小補也又工小兒產科幼累將至且留調理渠欲往謝未令去也乞不罪治瘴止用薑葱豉三物濃煮熱呷無不効者而土人不知作豉入此州無黑豆聞五羊頗有之便乞爲致三石得爲作豉散飲病者不罪不罪

與鄭靖老二首

某啓到雷州見張君俞首獲公手書累幅欣慰之極不可云喻到廉廉守乃云公已離邕矣方悵然欲求問從者所在少通區區忽得来教釋然又得新詩皆

秀傑語辛甚辛甚別來百罹不可勝言置之不足道
也志林竟未成但草得書傳十三卷甚賴公兩借書
籍檢閱也向不知公所存又不敢帶行封作一籠寄
邁處令訪尋歸納如未有便且寄廣州何道士處已
深囑之必不敢墜其留此過中秋或至月末乃行至
北流作竹筏下水歷容藤至梧與邁約令般家至梧
相會中子迨亦至惠矣却雇舟泝賀江而上水陸數
節方至永老業可恭可恭未會間以時自重不宣

又

其見張君俞乃始知公中間亦為小人所搖撼令史

以下固不知退之諱辯也而卿貳等亦爾耶進退有
命豈此輩所制知公奇偉必不經懷也某鬚髮盡白
然體力元不减舊或不即死　聖恩汪洋更一赦或
許歸農則帶月之鋤可以對秉也本意專欲歸蜀不
知能遂此計否蜀若不歸即以杭州爲佳朱邑有言
子孫奉祠我不如桐鄉之民不肖亦云然外物不可
必當更臨事隨宜但不即死歸田可必也公欲相從
於溪山間想是眞誠之願水到渠成亦不須預慮也
此生眞同露電豈通把玩耶某頓首

上韓昭文

某啓違遠旌旆忽已數月改歲緬想台候勝常邊徼往還從者殊勞目望馬首但迂拙動成罪戾恐不能及見公之還而去耳餘寒伏冀爲國自重因李秘校行謹奉啓叅候不宣

與李延評

某啓經由特辱枉訪適以卧病數日及連日會集殊無少暇治行忽遽不及詣謝明日解維遂爾違闊豈勝愧負

與黄敷言二首

某啓疊辱寵訪感慰兼集晩来起居佳勝承来晨啓

行以衰疾畏寒不果往别悚怍深矣衝涉雨霰萬萬保練謹令兒子候違不宣

又

少事干煩一書與惠州李念四秀才告爲到廣州日專遣一人達之不罪交代民師且爲再三致意某再拜

與陸固朝奉

某啓久留屬疾不敢造請負愧已深茲者啓行又不往别悚怍之至謹奉手啓代違

與謝民師推官二首

某啓衰病枯槁百念已忘緇衣之心尚餘此耳蒙不鄙棄贈以瑰瑋藏之巾笥永以為好今日遂行不果走別愧負千萬謹奉手啓代違

又

某蒙録示近報若果的免湖外之行衰羸之幸可勝言哉此去不住許下則歸陽羨民師還朝受任或相近得再見幸矣兒子輩並沐寵問及覽所賜過詩何以克當然句法有以發小子矣感荷感荷旅次不盡

與黄洞秀才二首

某啓經過幸一再見人来辱書甚荷存記無畓比来

起居佳勝爲慰未由欵奉千萬保嗇

又

寄示石刻感愧雅意求書字固不惜但尋常因事點筆隨即爲人取去今卻於此中相識處覓得三紙付去蓬儛因降致區區之意某再啓

與滕達道二十三首

某到此時見荆公甚喜時誦詩説佛也公莫略往一見和甫否餘非面莫能盡某近到筠見子由他亦得旬指射近地差遣想今已得替矣吴興風物足慰雅懷郡人有賈收耘老者有行義極能詩公擇子厚皆

禮異之某尤與之熟頗公時顧慰其牢落也近過文

肅公樓徘徊懷想風度不能去某至楚泗間欲入一

文字乞於常州住若幸得請則扁舟謁公有期矣

又

某啓別後不意遽聞國故哀號追慕迨今未已惟公

忠孝體國受恩尤異悲苦之懷必萬常人比日起居

何如某旦夕過江徑往毗陵相去益近時得上問也

為時自重不宣

又

某再啓承差人送到定國書所報未必是實也都下

喜安傳事而此君又不審乃四月十七日發来邸報至今不説是可疑也一夫進退何足道所喜保馬户導洛堆垜皆罷茶塩之類亦有的耗矣二聖之德日新可賀可賀令子各安勝未及報狀也

又

某啓耘老至又辱手書及耘老道起居之詳感慰不可言某留家儀真獨来常以河未通致公見思之深又有舊約便當往見而家無壯子弟須却還般挈定居後一日可到也惟深察近日京口時有差除或云當時亦未是實計當先起老鎬僕或得連茹耶惠貺

三十壷携歸餉婦矣於耘老能道不宣某頓首

又

聞張郎已授得發勾春中赴上安道必與之倶来某若得旨當與之同舟于南窮困之中一段樂事古人罕有也不知遂此意否秦太虚言公有意拆却逍遥堂横廊切謂宜且留之想未必爾聊且言之明年見公當館於此公雅度宏偉欲其軒豁卑意又欲其窈窕深密也如何不罪四聲可罷之萬一浮沉反為患也幸深思之不罪

又

某再啓前者惠建茗甚奇醉中裁謝不及悚愧之極
本州見闕不敢久住遠接人到便行會合邈未有期
不免悵惘舍弟召命蓋虛傳耳君實恩禮既異責望
又重不易不易某舊有獨樂園詩云兒童誦君實走
卒知司馬持此將安歸造物不我捨今日類詩讖矣
見報中憲言玉汝右揆當世見在告必知之京東有
幹幸示諭

又

許爲置朱紅累子不知曾令作否若得之攜以北行
幸甚如不及已亦非急務不罪

又

某干求累子已蒙佳惠又為別造朱紅尤為奇少物意兩重何以當克捧領訖感愧無量舊者昨寄在常州令子由帶入京俟到不日便持上也

又

鰒魚三百枚黑金碁子一副天麻煎一簩聊為土物不罪浼觸令子思渴冗中不及別啓

又

某晚生蒙不鄙與名又令與立字似涉僭易頓公自命却示及作字訖乃寵幸也

又

近得安道公及張郎書甚安健子由想已過矣青州

資深相見甚極歡今日赴其盛會閑恐要知

又

屢枉專使感怍無量兼審比来尊體勝常以慰下情

某近絶佳健見教如元素黜罷薄有所悟遂絶此事

仍不復念方知中有無量樂回顧未絶乃無量苦辱

公厚念故盡以奉聞也晚景若不打疊此事則大錯

雖二十四州鐵打不就矣既欲㕘一笑且欲少補左

右耳不罪不罪

又

公解印入覲當過岐亭故縣預以書見約輕騎走見極不難愼勿枉道見過想深識此意乍冷萬乞自重

又

承差人借示李成十幅圖遂得縱觀幸甚幸甚且蹔借留令李明者用公所教法試摹看只恐多累筆耳此本眞奇絕月十日後當於徐守處借人賫內令專愛護也

又

某閑廢無所用心專治經書一二年間欲了却論語書易舍弟亦了却春秋詩雖拙學然自謂頗正古今

之誤粗有益於世瞑目無憾往往又笑不會取快活是措大餘業聞令子手筆甚高見其寫字想見其人超然者也

又

某啓知前事尚未已言既非實終當別白但目前紛紛衆所共悉也然平生學道專以待外物之變非意之來正須理遣耳若緣此得暫休逸乃公之雅意也黄當江路過往不絶語言之間人情難測不若稱病不見為良計二年不知出此今始行之耳西事得其詳乎雖廢棄未忘為國家慮也此信的可示其略否

書不能盡區區

又

示喻宜甫夢遇於傳無有某聞見不廣何足以質然冷煖自知殆未可以前人之有無爲證也自聞此事而士大夫多異論意謂中塗必一見得相絫扣竟不果此意衆生流浪火宅纏繞愛賊故爲飢火所燒然其間自有燒不著處一念清淨便不服食亦理之常無足怪者方其不食不可強使食猶其方食不可強使之不食也此間何必生異論乎頣公以食不食爲旦莫以仕不仕爲寒暑此外默而識之若以不食爲

勝解則與異論者相去無幾矣偶蒙下問輙此奉廣而已不罪

又

少懇干聞不罪某好携具野飲欲問公求紅朱累子兩卓二十四隲者極為左右費然遂成藉草之樂為不淺也有便望須示悚息悚息某感時氣卧疾逾月今已全安但幼累更卧尚紛紛也措道人名世昌綿竹人多藝然可閑攷驗亦乏以遣滯也留此幾一年與之稍熟恐要知

又

某欲面見一言者葢爲吾儕新法之初輒守偏見至有異同之論雖此心耿耿歸於憂國而所言差謬少有中理者今聖德日新衆化大成回視向之所執益覺疎矣若變志易守以求進取固所不敢若譊譊不已則憂患愈深公此行尚深示知非靜退意但以老病衰晚舊臣之心欲一望清光而已如此恐必獲對公之至意無乃出於此乎輒恃深眷信筆直突千萬恕之死罪安道公殆是一代異人示諭極慰喜慰喜

又

某再啓近在揚州入一文字乞常州住如向所面議若未有報至南都當再一入也承郡事頗煩齊整想亦期月之勞爾微疾雖無大患然頗公無忽之常作猛獸毒藥血盆膿囊觀乃可勿孤吾黨之望而快群小之志也情切言盡恕其拙幸甚所有二賦稍晴寫得寄上次只有近寄潘谷求墨一詩錄呈可以發笑也衲衣尋得不用更尋累卓感留意悚怍之甚甘子已拜賜矣北方有幹幸示諭

又

某孱居如昨舍弟子由得安問此外不煩遠念久不

朝覲緣此得望見清光想足慰公至意其他無足云
者貴眷令子各計安勝 闕 中前急足遠寄必已收得
略示諭

又

某啓一別十四年流離契闊不謂復得見公執手恍
然不覺涕下風俗日惡忠義寂寥見公使人差增氣
也別来情懷不佳忽得来教甚解欝欝且審起居佳
勝為慰某以少事更數日方北去宜興田已問去若
得稍佳者當扁舟徑往視之遂一至湖見公固所願
然事有可慮者恐未能往也若得請居常則固當至

治下攪撓公數月也未間惟萬萬為時自重

又

某再啓別諭具感知愛之深一一佩刻董田已遣人去問宜興親情若果爾當乘舟徑往成之然公欲某到吳興則恐難為不欲盡談唯深察之到南都欲一狀申禮曹凡刋行文字皆先毀板如所教也

又

有監酒高侍禁永康者與之外姻聞亦甚謹幹望略照庇如察其可以剪拂又幸也

與朱康叔十七首

某啓專使至復領手教契愛愈厚可量感服仍審比日起居佳勝為慰舍弟已部賤累到此平安皆出餘庇不煩念及珍惠雙壺遂與子由累醉公之德也隆暑萬萬以時自重行膺殊相人還上謝

又

令子歸侍左右日有庭闈之樂恨未際見不敢輒奉書近見提舉司薦章稍慰輿議可喜可喜作墨竹人近為少閑暇俟宛轉求得當續置之呵呵酒極醇美必是故人特遣下廳也某再拜

又

某再拜近奉書并舍弟書想必達胡掾至領手教具
審起居佳勝兼承以舍弟及賤累至特有厚貺羊麪
酒果一捧領訖但有慚怍舍弟離此數日来教尋附
洪州遞與之已遷居江上臨皋亭甚清曠風晨月夕
杖屨野步酌江水飲之皆公恩芘之餘波想味風義
以慰孤寂尋得去年六月所寓詩一軸寄去以為一
笑酷暑萬乞保練

又

某啓酷暑不可過百事墮廢稍踈上問想不深訝比
日伏想尊履佳勝别乘過郡承賜教及惠新酒到此

如新出甕極爲珎奇感愧不可言因與二三佳士會同飲盛德也秋熱更望保練行膺峻陟

又

胡掾與語如公之言佳士佳士渠方寄家齊安時得與之相見也令子必且盤桓侍下中前示諭姻親事可留示年月日恐求親者欲知之造次造次

又

郭寺丞一書乞指揮送與其人甚有文雅必蒙清顧也聞其墜馬傷手不至甚乎

某啓因循稍疎上問不審近日尊候何如某蒙庇如

昨秋色益佳郡事稀少想有遊樂無縁展奉但積思
念乍冷萬冀以時自重

又

某啓近附黄岡縣遞拜書必達專人過此領手教具
審起居佳勝凄冷此歲行盡會合何時以增悵然唯
祈善保皷文宅計此月末方離陳南河淺澁想五六
月間方到此荷公憂恤之深其家固貧甚然鄉中亦
有一小莊子且隨分過也歸老之説恐未能如雅志
又修理積弊已就倫次監司朝廷豈有遽令放閑耶
問及物食天漸熱難久停恐空煩費也海味亦不苦

食既忝雅契自當一一奉白

又

示諭親情事專在下懷然此中殊少士族若有所得當立上聞也寫字侯少閑續納上墨竹如可尊意當取次致左右畫者在此不遠必可求也呵呵

又

某啓近王察推至辱書承起居佳勝方欲裁謝又枉教勤益增感愧數日来偶傷風百事皆廢今日微減尚未有力區區之懷未能盡也乍暄惟冀以時珎攝稍健當别上問次

又

閣名久思未獲佳者更乞詳閣之所向及側近故事迹為幸董義夫相聚多日甚歡未嘗一日不談公美也舊好誦陶潛歸去来嘗患其不入音律近輙微加增損作般涉調哨遍雖微改其詞而不改其意請以文選及本傳考之方知字字皆非創入也謹小楷一本寄上却求為書抛塼之謂也亦請録一本與元弼為病勸不及別作書也數日前飲醉後作頑石亂篠一紙私甚惜之念公篤好故以奉獻幸撿至

又

令子必在左右計安勝不敢奉書舍弟已到官傳聞

筠州大水城内丈餘不知虛的也屛贅硯銘無用之物公好事之過不敢不寫裝成送去乞一覽少事不免上干聞有潘原秀才以買僕事被禁某與其兄潘丙鮮元甚熟最有文行原自是佳士有舉業望賜全庇暑月得早出為此人父母皆篤老聞之憂恐萬端公以仁孝名世能哀之否恃舊干瀆不敢逃罪天覺出監之作本以為公家寶而公乃輕以與人謹收藏以鎮篋笥然尋常不揆以亂道塵瀆想公亦隨手將與人耳呵呵

又

某啓武昌傳到手教繼辱專使墮簡感服併深比日
尊體佳勝節物清和江山秀美府事整辦日有勝遊
恨不得陪從耳雙壺珎貺一洗旅愁甚幸甚幸佳果
收藏有法可愛可愛拙疾乍到不諳土風所致令已
復常矣子由尚未到眞寸步千里也未由展奉尚冀
以時自重

又

與可船旦夕到此爲之泫然想公亦耳子由到比須
留也住五七日恐知之前曾錄國史補一紙不知到
否因書略示諭生細酒四器正濟所乏珎感生酒暑

中不易調停極清然閔仲叔不以口腹累人某每蒙
公眷念遠致珎物勞人重費豈不肖所安耶所問淩
翠至今虛位雲乃權發遣耳何是掛齒牙呵呵馮君
方想如所諭極煩留念又蒙傳示秘訣何以當此寒
月得暇當試之天覺亦不得書此君信意簡率乃其
常態未可以踈數為厚薄也酒法是用菉豆為麴者
耶亦曾見說來不曾録得方如果佳録示亦幸

又

疊蒙寄惠酒醋麪等一一收檢愧荷不可言不得即
時裁謝想仁明必能恕察老媳婦得疾初不輕今已

安矣不煩留念食㽞已納武昌吴尉處矣適少冗不
敢稽留来使少間别奉狀次

又

見天覺書中言當世云馮君有一學服朱砂法甚奇
惟康叔可以得之不知曾得未若果得不知能見傳
否想於不肖不惜也

又

今日偶讀國史見杜羔一事頗與公相類嗟嘆不足
故書以奉寄然幸勿示人恐有嫌者江令乃爾深可
罪然猶望公憐其才短不逮而已屢有干瀆㦂不怪

幸甚其令章憲令日恐到此知之

杜羔有至性其父河北一尉而卒毋非嫡經亂不知所之會堂兄兼爲澤潞判官嘗鞫獄於私第有老婦辯對見羔出入竊語人曰此少年狀類吾夫訊之乃羔毋也自此迎侍而歸又往訪先人之墓邑中故老已盡不知所在館於佛寺日夜悲泣忽視屋柱煤煙之下見數行字拂而視之乃父遺迹云我子孫若求吾墓當於某村家問之羔哭而往果有老父年八十餘指其丘壠因得歸葬羔官至工部尚書致仕此出唐李

肇國史補近偶觀書歎其事頗與朱康㭎相似因書以遺之元豐三年九月二十五日記

又

近日隨例紛冗有踈上問不審起居何如兩日来武昌如聞公在告何也豈尊候小不佳乎無由躬問左右但有馳系冬深寒溢尤宜愼護

又

章質夫求琵琶謌詞不敢不寄呈安行言有一既濟鼎樣在公處若鑄造時幸亦見為作一枚不用甚大者不罪不罪前日人還曾附古木叢竹兩紙必已到

今已寫得經藏碑附上令子推官侍下計安勝何時赴任未敢拜書也

與胡深夫五首

某啓自聞下車日欲作書紛冗衰病因循至今疊辱書誨感愧交集比日起居佳勝未緣瞻奉伏望以時保練

又

乍到整葺想勞神用浙西數郡倒被淫雨颶風之患而秀之官吏獨以為無災以故紛紛至此公下車倍加綏撫不惜高價廣糴以為嗣歲之備憲司行文欲

收糴米此最良策而推尸專斗所不樂故妄造語言
聰明所照必不摇也病中手字不謹

又

某久與周知録兄弟遊其文行才器實有過人不幸
遭喪生計索然未能東歸九江託迹治下竊謂仁明
必有以安之不在多言令託柳令咨白冗中不盡區
區

又

彥霖之政光絶前後君復為僚可喜船斬新輟借知
之冗中不一

又

某以衰病紛冗裁書不謹惟恕察王京兆因會幸致

區區久不發都下朋舊書必不罪也

與朱行中舍人四首

某啓別後兩奉狀想一一聞達比日履茲春和台候

勝常某留滯贛上以待春水至此月末乃發瞻望悵

悵南海雖外然雅量固有以處之矣詩酒之樂恨不

日陪接也更冀若時為國保練不宣某再拜

又

某已得舟尚在贛石之下若月末不至當乘小舟往

就之買公用人以鄞級持所賫錢竄去又以疾疫氣多死亡以此求還亦官舟無用多人故悉遣回皆以指揮嚴切甚得力乞知之適少冗馳問不盡區區某再拜

又

少事不當上煩東莞資福長老祖堂者建五百羅漢閣極宏麗營之十年今成矣某近為作記公必見之塗中為告文安國篆額甚妙今封附去人公若欲觀拆開不妨却乞差一公人賫付祖堂者不罪某再拜

又

某啓蒙眷厚借搬行李人感愧不在言也但節級朱立者無狀侵漁不已又遂竄去林聰者又毆平人幾死見禁幸所毆者衞安決不死耳此中多言於法有礙不可帶去故輒牒虔云得明公書令某遣還多難畏事想必識此心也買公用人於法無礙故仍舊帶去此二十餘人皆謹力不作過望不賜罪窮途作事皆此類悤怍不可言得二座船不失所幸不貽念陋句數首端欲發一笑耳某再拜

與李之儀五首

某年六十五矣體力毛髮正與年相稱或得復與公

相見亦未可知已前者皆夢已後者獨非夢乎置之不足道也所喜者在海南了得易書論語傳數十卷似有益於骨朽後人耳目也少游遂卒於道路哀哉痛哉世豈復有斯人乎端叔亦老矣迨云鬚髮已皓然然顏極丹且渥僕亦正如此各宜閟嗇庶幾復見也兒姪輩在治下頻與教督一書幸送與某大醉中不成字不罪不罪

又

某啓契闊八年豈謂復有見日漸近中原辱書尤數喜出望外比日起居佳勝某已得舟決歸許如所教

而長子邁遽捨字深以爲恨報除輦運似亦不惡近日除目時有如人所料者此後端叔必已信安矣但老境少安餘皆不足道乍熱萬萬以時自愛某再拜

又

某以囊裝罄盡而子由亦久困無餘故欲就食淮浙已而深念老境知有幾日不可復作兩處又得子由書及見教語尤切已決歸許下矣但須少留儀真令兒子往宜興剖制變轉往還須月餘約至許下已七月矣去歲在廉州託孫叔靜寄書及小詩達否叔靜云端叔一生坎軻晚節益牢落正賴魚軒賢德能委

曲相順適以忘百憂此豈細事不爾人生豈復有佳
味乎叔静相友想得其詳故輙以奉慶忝契不罪

又

近孫叔静奉書遠遞得達否比来尊體如何眷聚各
安勝某蒙恩領真祠世間美仕復有過此者乎伏惟
君恩之重不可量數遥知朋友為我喜而不寐也今
已到虔即往淮浙閒居處多在毗陵也子由聞已歸
許秉燭相對非夢而何一書乞便與餘惟萬萬自愛
某再拜

又

某啓辱書多矣無不達者然不一荅非特衰病簡懶之過實以罪垢深重不忍更以無益寒温之間玷累知交然竟不免累公慚負不可言比日承已赴潁昌伏惟起居佳勝眷聚各安慶某移永州過五羊度大庾至吉出陸由長沙至永荷叔静拏舟相送數十里大浪中作此書上問無他祝惟保愛之外酌酒與婦飲尚勝俗侶對梅二丈詩云耳

與馮祖仁四首

某慰疏言伏承艱疚退居久矣日月逾邁哀痛理極未嘗獲陳區區少鮮思慕萬一實以漂寓窮荒人事

斷絕非敢慢也比辱手疏且審孝履支持廓然愈遠
追慟何及伏冀俯禮適變寛中強食謹奉慰疏不次

又

蒙示長牋粲然累幅光彩下燭衰朽增華但以未拜
告命不敢具啓荅謝感怍不可言喻老瘁不復疇昔
但偶未死耳水道間闊寸進更二十餘日方至曲江
首當詣宇下區區非面不旣乏人寫大狀不罪手拙
簡略不次

又

昨日辱遠逕喜慰難名客散已夜不能造門蚤来又

聞已走松楸未敢上謁領手教愧悚無地至節想惟
孝思難堪柰何来日當往謁慰節辰蒙惠羊邊酒壷
仁者之餽謹以薦先感佩不可言也

又

兩日不果詣見伏計孝履如宜欲告借前日盛會包
子廚人一日告白朝散絶早遣至不罪不罪家人輩
欲遊南山祖仁若無事可能同到彼閑行否

與黃師是

行計屢改近者幼累舟中皆伏暑自憅一年在道路
矣不堪復入汴出陸又聞子由亦窘用不忍更以三

百指誘之已決意旦夕渡江過毘陵矣荷憂愛至深故及之子由一書政為報此事乞蚤與達之塵埃風葉滿室隨掃隨有然不可廢掃以為賢於不掃也若知本無一物又何加焉有詩録呈簾卷窗穿戸不扃隙塵風葉任縱横幽人睡足誰呼覺欹枕床前有月明一笑一笑某再拜

與廣西憲曹司勲五首

某啓奉别忽二載犇走南北不暇附書申問子由轉附到天門冬煎故人於我至矣日夜服食幾月遂盡之到惠州又遞中領手書懶廢已放不即裁謝死罪

死罪

又　一云與林天和

某啓專人辱書仰服眷厚仍審比来起居清勝至慰至慰長子未得耗小兒數日前往河源獨幹築室極爲勞冗承惠牙蕉數品有未嘗識者幸得徧嘗感愧不已怱怱奉謝

又

某啓數日稍清冷伏惟起居佳勝構架之勞殊少休暇思企清論日積滯念尚冀保衛區區之至因吴子野行附啓不宣

又

某啓專人至賜教累幅慰拊周至且審比来起居佳勝感慰兼至某得罪幾二年矣愚陋貪生輒緣聖主寛貸之慈灰心槁形以盡天年即目殊徤也公别後聞微疾盡去想今益康佳養生亦無他術安寢無念神氣自復知吕公讀華嚴有得固所望於斯人也居閑偶念一事非吾子方莫可告者故崇儀陳侯忠勇絶世死非其罪廟食西路威靈肅然顉公與程之邵議之或同一削乞載祀典使此侯英魄少信眉於地中如何如何然慎勿令人知不肖有言也陳侯有一

子在高郵白首頗有立知之蒙惠奇茗丹砂烏藥敬
餌之矣西路洞丁足制交人而近歲綏馭少方殆不
可用頣為朝廷熟講之此外惟萬萬自重

又

公勸某不作詩又却索近作閑中習氣不免有一二
然未甞傳出也今録三首奉呈看畢便毁之切祝千
萬惠州風土差厚山水秀邃食物粗有但少藥耳近
報有永不敘復旨揮正坐穩處亦且任運也子由頻
得書甚安某惟少子隨侍餘皆在宜興見今全是一
行脚僧但喫甇酒肉耳此書此詩只可令之邵一閱

餘人勿視也

與晦夫　一云與趙仲脩

某啓辱荅教感服風月之約敢不敬諾庾公南樓所謂老子於此興復不淺便當携被往也

與范夢得八首

某啓一別俯仰十五年所喜君子漸用足為吾道之慶比日起居何如某旦夕南還後會無期不能無悵惘也過揚見東平公極安行復見之矣新著必多無緣借觀為耿耿耳乍暄惟順候自重因李豸秀才行附啓上問不宣

又

某啓辱教字起居佳勝郊外路遠不當更煩屈臨可且寢處耳有事以書垂喻可也界紙望示及来日自不出只在舟中静坐惠貺鳳團感意眷之厚熱甚不謹

又

某啓辱教承台候康勝為慰得請知幸以未謝尚稽謁見竦息竦息子功復舊物甚慰衆望来日方往浴室也人還悤卒不宣

又

某啓不肖所得寡薄惟公愛念以道義相期眷子無窮既承感戀不可言乍寒不審起居休否某已次陳橋瞻望益遠惟萬萬以時自重

又

今日謁告不克往見辱教伏承文體佳勝楊君舉家人服其藥多效亦覺其穩審然近見王定國云張安道書云曾下踈藥數日不能食又謝之不滿意然不知果爾否有闕不敢不盡

又

某啓辱手柬且審起居佳勝為慰和篇高絕木與種

者皆被光華矣幸甚幸甚舊句奇偉試當強勉繼作

怱怱不宣

又

某啓違遠二年瞻仰爲勞辱書承起居佳勝慰喜可之極比日履此秋涼起居佳勝少選到岸即伏謁以盡區區

與孫叔靜七首

昨日辱臨顧夙昔之好不替有加感嘆深矣屬飲藥汗後不可以風未即詣謝又枉使旌重增悚愓捧手教且審尊體佳勝旦夕造謁以究所懷

又

辱手教伏審晚来起居佳勝惠示珠攬頊所未見非
獨下視沙塘美應當一笑羊麪酒醋爲惠禮意兼厚
敬已拜賜感佩之極

又

前日辱下顧尚未走謝悚息不已捧手教承起居佳
勝畢體尚未清快坐阻談論爲悵惘也惠示妙劑及
方獲之幸甚從此衰疾有瘳矣

又

已别瞻企不去心辱手教且審佳勝感慰之極早来

風起舟不敢解故復少留因來淨惠與惠州三道人
語耳無緣重詣臨紙惋悵

又

令子重承訪及不暇往别爲愧深矣珎惠菜膳增感
怍也河源藤已領衰疾可恃矣

又

眉山人有巢谷者字元修曾應進士武舉皆無成篤
於風義已七十餘矣聞某謫海南徒步萬里來相勞
問至新興病亡官爲藁殯録其遺物於官庫元修有
子蒙在里中某已使人呼蒙來迎喪頗助其路費仍

約過永而南當吏資之但未到耳旅殯無人照管或
毁壞暴露顛公愍其不幸因巡檢至其所特為一言
於彼守令得稍修治其殯常戒主者保護之以須其
子之至則恩及存亡耳死罪死罪

又

去德彌月思仰縈懷比日履此新陽起居增勝行路
百阻至英方再宿矣少留數日此去尤艱闋借舟未
知能達韶否流行坎止輒復任緣不煩深念也後會
未卜惟萬萬為國自重

答劉貢父二首

久闊暫聚復此違異悵惘至今公私紛紛有失馳問
辱書感作無量字畫妍潔及問来使云尊貌比初下
車時晳且澤矣聞之喜甚比来起居想益佳何日歸
覲慰士大夫之望未間萬萬為時自重不宣

又

某忝冒過甚出於素獎然迂拙多忤而屢爭地不敢
作久安計兄當有以教督之血指汗顏旁觀之誚柰
何柰何舉官之事有司逃失行之罪歸咎於兄清明
在上豈可容此小子何與焉茯苓松脂雖乏近効而
歲計有餘未可棄也默坐反照瞑目數息當記別時

語耶

答曾子宣三首

某啓流落江湖晚復叨遇惟公知炤如一日也孤愚寡與日覩高誼謂可永久不謂尚煩藩翰之寄違闊以来思仰日深辱書教伏審履兹秋涼台候萬福欣慰之極二聖思治求人如不及公豈久外惟千萬順時為國自愛

又

自公之西有識日望詔還豈獨契愛之末邉落區肅公豈久外哉示諭塔記久不馳納愧恐之極乞少寬

之秋涼下筆也親家柳子良宣德赴潞幕獲在屬城

知幸知幸謹奉手啓冗迫不盡區區

又

某啓辱教伏承台候萬福爲慰塔記非敢慢蓋供職

數日職事如麻歸即爲詞頭所迫率以夜半乃息五

更復起實未有餘暇乞限一月所敢食言者有如河

頑公一笑而恕之旦夕當卜一邂逅而别

與李公擇

秋色佳哉想有以爲樂人生惟寒食重九慎不可虛

擲四時之變無如此節者近有潮州人寄一物其上

云扶劣膏不言何物狀似羊脂而堅盛竹筒中公識

此物否味其名必佳物也若識之當詳以示可分去

或問習南海者子由近作棲賢僧堂記讀之慘懔覺

崩崖飛瀑逼人寒栗

與姜唐佐秀才六首

某啓特辱遠訪意貺甚重衰朽廢放何以獲此悚汗

不已經宿起居佳勝長牋詞義兼美窮陋增光病卧

不能裁荅聊奉手啓

又

某啓昨日辱夜話甚慰孤寂示字承起居安勝竒䕺

佳惠感服至意當同啜也適睡不即荅悚息某頓首

又

今者霽色尤可喜食已當取天慶觀乳泉潑建茶之精者念非君莫與共之然蚤来市無肉當相與啖菜飯爾不嫌可只今相過某啓上

又

適寫此簡得来示知巡檢有會更不敢邀請會若散早可来啜茗否酒麪等承佳惠感愧感愧来旦飯必如諾十月十五日白

又

某啓别来數辱問訊感怍至意毒暑具喜起居佳勝
堂上嘉慶甚慰所望也知非久適五羊益廣學問以
卒遠業區區之禱此外萬萬自重不宣

又

某已得合浦文字見治裝不過六月初離此只從石
排或澄邁渡海無緣更到瓊會見也此懷甚惘惘因
見貳車略道下懇有一書至兒子邁處從者往五羊
時為帶去轉託何崇道附達為幸
兒子治裝冗甚未及奉啓所借烟蘿子兩卷吴志四
冊會要兩冊並馳納

與傅維巖秘校四首

某啓專人至承不鄙罪廢長牋見及援證古今陳義甚高伏讀愧感仍審比来起居佳勝至慰至慰守局海徼淹屈才美然仕無高下但能随事及物中無所愧即為達也伏暑萬萬自愛不宣

又

衰病栽荅草草不訝知不久㫖解即獲會見至喜至喜掩骼之事知甚留意旦夕再遣馮何二士面禀亦有錢物在二士處此不靦縷曾城荔子一籃付去人持上不罪不罪某又上

又

某啓遠蒙惠書非眷念之厚何以及此仍審比来起居佳勝感慰兼集老病之餘復此窮獨豈有再見之期尚冀勉進學問以究遠業餘惟萬萬自愛不宣

又

官事有暇得為學不輟否有可與往還者乎此間百事不類海北但杜門面壁而已彼中如有麄藥治病者為致少許此間如蒼术橘皮之類皆不可得但不嫌麄賤為相度致數品不罪不罪

與林天和長官二十三首

某啓近辱手書冗中不果即荅悚息悚息春寒想體中佳勝火後凡百想勞神用勤民之意計不倦也未由披奉萬萬自愛不宣

又

某啓專人辱書具審起居佳勝爲慰春物益妍時復尋賞否想亦以兩軫懷也未由往見萬萬若時加攝不宣

又

小兒往循已數日矣賤累閏月初可到此新居旦夕畢工承問及感感不已領書又惠筍蕨益用愧刻聞

相度移邑果爾否

又

某啓辱手教伏承起居佳勝甚慰馳仰承問賤累正月末已到贛上矣閏月上旬必到此也考室勞費乃老業也旦夕遷入未由會見萬萬以時自重不宣

又

花木栽感留意惠貺鹿肉尤增慚荷某又上

又

某啓近數奉書想皆達雨後清和起居佳勝花木悉佳品又根撥不傷遂成幽居之趣荷雅意無窮未即

面謝為媿耳人還忽忽不宣

又

某啓昨辱訪别尤荷厚眷恨老病龍鍾不果詣違愧負多矣経宿起居何如果成行未忘己為民誰如君者頤益進比道譬之農夫不以水旱而廢藨蔉也此外萬萬自愛不宣

又

某啓比日蒸熱體中佳否承惠楊梅感佩之至聞山薑花欲出録夢得詩去庶致此餽也呵呵豐樂橋數木匠請假暫歸多日不至敢煩旨麾句押送来為幸

草草奉啓不罪

又

某啓人来辱書具審比日尊體佳勝甚慰所望出意加減秧馬曲盡其用非拊字究心何以得此具白太守矣乍熱萬萬以時加嗇不宣

又

某啓人来辱手教具審起居佳勝吏民畏愛謡頌布聞甚慰所望秧馬聊助美政萬一耳何足云乎承示諭愧悚之至僧磨已成秋涼當往觀也毒熱萬萬爲民自愛不宣

又

某啓辱教承微疾已平起居清勝甚慰馳仰暑雨不常官事疲勩攝衛爲難惟加意節調以時休息爲佳也忽忽不宣

又

某啓多日不奉書思仰之至伏暑尊體何如惠貺荔子極佳郡中絶少得與數客同飲幸甚幸甚未由合會萬萬以時自愛某再拜

又

某啓辱手教承起居佳勝久以冗率有闕馳問愧企

深矣承惠龍眼牙蕉皆郡中所乏感怍之至未由瞻
奉萬萬以時自重不宣

又

高君一卧遂化深可傷念其家不失所否瘴疫横流
僵仆者不可勝計柰何柰何某亦旬日之間喪兩女
使謫居牢落又有此狼狽想聞之亦爲之憮然也某
再啓

又

某啓近日辱書伏承别後起居佳勝甚慰馳仰數夕
月色清絶恨不同賞想亦對景獨酌而已未即披奉

萬萬自重人還布啓不宣

又

某啓近辱過訪病中恨不款奉人来枉手教具審起居佳勝至慰至慰旦夕中秋想復佳風月莫由陪接增悵仰也乍涼萬萬自重不宣

又

某啓人還奉書必達即候漸涼起居佳否疊煩顧旨感怍交深未緣面謝惟祝若時自重不宣

又

某啓秋高氣爽伏計尊候清勝公宇已就想日有佳

恩未緣披奉萬萬以時珎嗇不宣

又

某啓前日人回裁謝必達比日履茲薄冷起居佳否未緣展奉但有翹想尚冀保衛區區之至不宣

又

某啓近奉狀知入山未還即日想已還治起居佳否往來衝冒煞勝遊計不為勞也未瞻奉間更乞若時自重不宣

又

某啓辱書伏承起居佳勝示諭纫累已到誠流寓中

一喜然老穉紛紛口衆食貧向之孤寂未必不佳也可以一笑蒸欝未解萬萬以時自重不宣

骨肉遠至重為左右費羊麫鱸魚已拜賜矣感怍之至

又

某啓從者往還見過皆不欵奉愧仰何勝辱書承起居清勝聞還邑以来老穉鼓舞數日調治想復清暇矣歲莫萬萬加愛不宣

又

某啓昨日江干邂逅未盡所懷来日欲奉屈蚤膳庶

少欵曲闗人不獲躬詣不罪

與張朝請五首

某啓兄弟流落同造治下蒙不鄙遺眷待有加感服高誼悚佩不已别来未幾思仰日深比来起居何如某已到瓊過海無虞皆託餘庇旦夕西去囘望逾遠後會無期惟萬萬若時自重慰此區區途次裁謝草草不宣

又

海南風物與治下畧相似至於食物人烟蕭條之甚去海康遠矣到後杜門默坐喧寂一致也蒙差人津

送極得力感感舍弟居止處若得蚤成令渠獲一定
居遺物離人而遊於獨乃公之厚賜也兒子幹事未
暇上狀不罪某上啓

又

某再啓聞已有詔命甚慰輿議想旦夕登途也當別
具賀幅某關人寫啓狀止用手書乞加恕也子由荷
存庇深矣不易一二言謝也新春海上嘯詠之餘有
足樂者島中孤寂春色所不到也某再拜

又

某啓久不上狀想察其衰疾多畏非簡慢也新軍使

来捧教字且審比日起居佳勝感慰兼極某到此數
卧病今幸少閒乆逃空谷日就灰槁而已因書瞻望
又復悵然尚冀若時自厚區區之餘意也不宣

又

新釀四壺開嘗如宿昔香味醇冽有京洛之風逐客
何幸得此但舉杯屬影而已海錯亦珍絶此雖島外
人不收此得之又一段奇事也眷意之厚感怍無已

荅漢卿

某啓辱教承起居佳勝爲慰知不久入城遂當一見
何幸如之地黄煎已領感怍適自局中還熱甚懣塞

奉書地黃煎蒙寄惠極佳薑蜜之劑甚適宜也仰煩神用愧感不可言

謝呂龍圖三首 京師

龍圖閣老執事某西蜀之鄙人幼承家訓長知義方粗識名教遂堅晚節兩登進士舉一中茂才科故當世名公巨卿亦嘗賜其提挈愛憐之意故歐公引之於其始韓公薦之於其中今又閣下舉之於其後自惟末學辱大賢者之知出自天幸然君子之心以公而取士其小人之志終荷恩以歸心但空省循何由論報比者上以片言隻字謝德於門下而其誠之所

加意有所不能盡意之所至言有所不能宣故其見於筆舌者止此而已惟高明有以容而亮之

又

前以拙訥上塵聽覽方懼獲罪於門下而無以容其誅又辱荅教言辭欵密禮遇優隆而褒揚之句有加於前日此不肖所以且喜且懼而莫知所措也珎函已捧受訖謹藏之於家以為子孫之羙觀蔀屋之陋復生光彩陳根之朽再出英華乃閤下煖然之春有以嫗育成就之故也擇日齋沐再詣館下臨紙澁訥情不能宣伏惟恕其愚

又

其久以局事汩沒殊不獲覲止竊惟應得踈絕之罪
於左右不意寬仁含垢察其俗狀之常情恕其簡略
之小過光降書辭曲加勞問拜貺之際益增厚顏旦
夕詣賓次盛暑伏惟爲朝廷自愛上副注倚之心下
慰輿人之望

與楊濟南

爲別忽已半歲傾想之懷遠而益甚即日起居何如
貴恙肯否安不自離家至荊南數次奉書訃並問達前
月半已至京一行無恙得臘月中所惠書甚慰遠意

見在西崗賃一宅子居住恐要知悉春暄未緣會見

千萬珍重珍重

荅王龍圖

辱簡承孝履如宜新詩寵行甚幸但稱道太過非所

以安不肖也餘所論謹在意

與楊濟甫鳳翔

奉别三更歲律思渴日深即日履此新春起居多勝

貴聚各佳安某前月十四日到鳳翔十五日已交割

訖人事紛紛久稽裁問想自尊君襄事後来漸獲閑

静營幹諸事必且濟辦某此與賤累如常今因范元

歸奉書聞露氣候漸和更希珎重

與蒲誠之六首

某啓聞軒馬已至多時而性懶作書不因使賫手教
来雖有傾渴之心終不能致一字左右也悚愧悚愧
盛熱殊不可過承起居佳裕甚喜甚喜某此並無恙
京師得信亦安但近得山南書報伯母於六月十日
傾背伯父之喪未及一年而災禍仍重如此何以為
心家兄惟三哥在左右大哥二哥必取次一人歸山
南謀扶護還鄉也人生患難至有如此極者煩惱煩
惱知郡事頗簡足以尋繹舊學也同僚中有可與相

處而樂者否新妝倅皆在此常相見恐知悉殘暑更
冀順時珍重

又

近聞貟秘丞言聞於誠之韓益州欲令誠之替某若
得請固所喜幸也然某盡今歲方及二年不知朝廷
肯令某成資觧去否若必俟三考則於誠之為太淹
緩安用也向經由時甚恨不款曲今若因此得從容
接奉何喜如之陳文日日見甚安

又

近遞中辱書方欲附問人來又承手教審聞起居佳

勝差慰瞻望新命必已下伏增欣慶苟相知豈必爲
交代但奉見稍遠耳承又須歸覲奔波良不易也秋
冷千萬善愛

又

聞車騎已在二曲即見風采喜慰可知冒寒行李不
易久此僻左獲奉清游幸甚也

又

今日比欲更接清話少頃而人事紛紛至今不得暫
息欲奉謁次聞府官盡出接張省遷須至旦出城恐
訝不來走此聞達

又

長安之别忽然改歲伏計履兹新春起居增慶某明日至府謁見預增欣抃然不免有少事干聒為本府帶得接新戍兵士數十人比謂到京却中途逢本官行李頗闕事欲告於貴府添差防護廂軍十餘人昨本有防護二十人為華州減却十人但只依元數亦差較也告早為擘畫某更不住後日絶早發去也恃眷契喋喋喧黷幸為留念

與楊濟甫

冬寒遠想起居佳勝此去替不兩月更不能歸鄉且

入京去愈遠依賚近得王道矩書云朝夕一来此相看告便如遞中惠一書貴知道矩幾日起發此幹告早及某只十二月十七八間離岐下也

答楊濟甫二首 除夜還朝

某近領臘下教墨感服眷厚兼審起居佳勝某此與賤累如常舍弟差入貢院更半月可出都下春色已盛但塊然獨處無與為樂所居廳前有小花圃課童種菜亦少有佳趣傍宜秋門皆高槐古柳一似山居頗便野性也漸暖惟千萬珎重

又

遞中屢得數書知尊體佳勝貴眷欠安示及發遞引目契勘得並到但鄉親書皆五六十日不獨濟甫也府推之命只是暫權發遣更月餘正官到即仍舊管官誥院也府中冗絆非拙者所樂恐知都下所須示及

與楊濟甫

近領來書喜知眠食佳安某與賤累並安陳州舍弟亦安不煩念及久客都下桂玉所迫囊裝並竭今冬積雪四五尺僦居敝陋殊無聊惟日望一差遣出去耳未由披奉千萬珍重

荅寶月大師二首

久不奉書盖冗惰相因必未訝也史厚秀才及蔡子華處領来書知法體佳勝此中並安請補外蒙恩除杭倅旦夕出京且往陳州相聚至九月初方行愈遠鄉里昌勝依黯累示及瑜隆紫衣師號近為干得王詵駙馬奏瑜為海慧大師文字更旬日方出圓覺経云法界海慧照了諸相文潞公亦許奏隆紫衣然須俟来年遇聖節方可奏已差祠部吏人到王駙馬宅計會瑜師文字纔得便入遞次莫更一兩月方得勑出此事自難得偶成此二事也臨行草草書不盡此

懷惟千萬珎重

又

屢蒙寄紙一一愧荷駙馬都尉王晉卿畫山水寒林冠絶一時非畫工能髣髴得一古松帳子奉寄非吾兄别識不寄去也幸祕藏之亦使蜀中工者見長意思也他甚珍惜不妄與人

與大覺禪師璉公 杭倅

人至辱書伏承法候安裕傾向傾向昨奉聞欲捨禪月羅漢非有他也先君愛此畫私心以為捨施莫如捨所甚愛而先君所與厚善者莫如公又此畫頗以

靈異累有所覺於夢寐不欲盡談嫌涉恠爾以此益不欲於俗家收藏意只如此而来書乃見疑欲換金水羅漢開書不覺失笑近世士風薄惡動有可疑不謂世外之人猶復爾也請勿復談此某比乏人可令賫去兵卒之類又不足分付告吾師差一謹幹小師賫籠仗来迎取并古佛一軸亦同捨也錢塘景物樂之忘歸舍弟令自陳州得替當授東南幕官冬初恐到此亦未甚的詩筆計益老健或借得數首一觀良幸到此亦有拙惡百十首閑暇當録寄也

答范夢得二首

久以事牵不遑奉書深以為愧中間安上處及遞中捧来教具審起居佳勝某旅官粗遣春夏間殊少事近日併覺冗坌盜賊獄訟常滿盖新法方行故也疲薾無狀館中清佚至為福地然知平日交游皆不在何以為樂某旬日来被差本州監試得閑二十餘日在中和堂望海樓閑坐漸覺快適有詩數首寄去以發一笑

又

久不奉書愧負不可言不審比辰起居佳否某此粗遣但親友疎闊旅懷牢落爾屢得蜀公書知佳健二

家兄書云每去輒留食食倍於我輩此大慶也頻得
潞公手筆皆詳悉精好富公必時見之聞其似四十
許人信否君實固甚清安得此數公無恙差慰人意
無緣面言惟順時自愛

與郭功父五首

昨日承顧訪殊慰久闊經夕起居佳否某出院本欲
往見以下痢乏力未果想未訝也略奉啓布謝萬一

又

元本闕四字瞻奉喜慰可量既以不出又數日卧病遂
元本闕五字起居佳否某下痢雖止尚羸薾也謹奉

啓布謝

又

兒子歸来別無可為土物御筆一雙賜墨一圭新茶二餅皆得之大臣家真物也不罪浼瀆

又

辱訪臨感怍獨以怱遽為恨迫行不往謝惟寛恕乍熱萬萬自重

又

別来瞻仰無窮風雪凝寒從者勤矣辱書承起居甚佳為使者即至必且暫還惟萬萬自重

卷第四

重刊明成化本東坡七集

東坡續集卷第五

書簡

與康公操都官三首

某稔聞才業之美，尚淹擢用，向承非罪被移，衆論可恠。賢者處之，想恬適也。希聲久不得書，承示諭，方知得蜀州，應甚慰意。二浙處處佳山水，守官殊可樂，鄉人之至此者絶少，舉目無親故，而杭又多事，時投餘隙，輒出訪覽，亦自可卒歲也。東陽自昔勝處，見劉夢得有三伏生秋之句，此境猶在否？未知會晤之日，但有企詠。

又

所索詩非敢以淺陋為辭但希世絶境衆賢所共詠歎不敢草草為寄也幸恕察

又

向辱教久欲裁謝值出入紛紛無定因循至今即日履兹春和起居佳適向承寄示圖記及詩實深慰仰此眞得賢者之樂雖鄙拙亦欲勉作歌詩庶幾附託高人絶境以傳永久適會紛紛未暇更旬日當寄上也

荅楊君素

久不奉書遞中領来教欣承起居佳勝眷愛各無恙奉别忽四年薄廩維絆歸計未成懷想親舊可勝惋歎吾丈優游自得心恬體舒必享龜鶴之壽劣姪與時齟齬終當捨去相從林下也

與楊濟甫

久不奉書亦少領来訊思念不去心不審即日起居佳否眷愛各無恙某此安健官滿本欲還鄉又為舍弟在京東不忍連年與之遠别已乞得密州風土事體皆佳又得與齊州相近可以時得沿牒相見私願甚便之但歸期又須更數年瞻望墳墓懷想親舊不

覺潛然未緣會面惟冀順俟自重

與周開祖

某忝命皆出奬借尋自杭至吴輿見公擇而元素子野孝叔令舉皆在湖燕集甚盛深以開祖不在坐爲恨別後每到佳山水處未甞不懷想談笑出京北去風俗既椎魯而游從詩酒如開祖者豈可復得乃知向者之樂不可得而繼也令舉特来錢塘相別遂見送至湖久在吴中別去眞作數日惡然詩人不在大家省得三五十首唱酬亦非細事

與何浩然

人還辱書且喜起居佳勝寫眞奇絕見者皆言十分形神甚奪眞也非故人倍常用意何以及此感服之至所要詩稍暇作寫去雙幅已令蜀中織造至便寄納未即會見千萬珍重

答水陸通長老五首 密州

近過蘇臺不得一見而別深爲耿耿專人來辱書且喜法履清勝某到此旬日郡僻事少足養衰拙然城中無山水寺宇朴陋僧粗野復求蘇杭湖山之遊無復髣髴矣何日會集慰此牢落唯萬萬自重

又

三瑞堂詩已作了納去惡詩竟何用是家求之如此

其切不敢不作也惠及温柑甚奇此中未甞識也棗

子兩篭不足為報但此中所有只此耳單君貺必常

相見路中屢有書去久望来書且請附密州遞寄數

字告為速達此意

又

别後一向冗忙有疎奉問疊辱手教愧悚良深仍審

履茲初凉法體增勝為慰承開堂未幾學者日增吾

師久安閑獨迫於衆意無乃少勞然以濟物為心應

不計勞逸也未緣奉謁千萬珍重人還遞布謝

又

姚君篤善好事其意極可佳然不須以物見遺也惠香十八罐却託還之已領其厚意與收留無異實為他相識所惠皆不留故也切為多致此懇

又

且說與姚君勿疑訝只為自来不受非親舊之餽恐他人却見恠也元伯昆仲因見各為致懇乍到未及奉書

答陳履常二首

吴中屢得瞻見時以餘棄洗濯蒙鄙別来仰伫日深

遆中首辱教尺感服良厚即日履茲酷暑起居何如貴眷令子各佳勝披奉杳然臨紙悵惘惟冀為時調護

又

遠承寄貺詩刻讀之灑然如聞玉音何幸獲此榮觀不獨以見作者之格且足以知風政之多暇而高躅之難繼也輒和光禄庵二絶聊以寄欽羡之懷一笑按之可也所須接骨丹方謹録呈高密連年旱蝗應副朔方百須紛然疲苶日俟汰逐企仰仙舘如在雲漢矣因風不吝誨字

答程彝仲二首

某啓奉别積年因循不脩書問每以為愧適中辱手書勞問甚厚感戴不可言也承以科詔入都跋履之餘起居佳否老兄循道既久文行愈粹決無終否不振之理更少貶以就繩墨即當俯拾也未緣披奉惟冀以時自重謹因鄉人李君行奉啓布問

又

得聖此行得失必且西歸計無緣過我而東武任滿當在來歲冬杪亦無緣及見於京師矣此任滿日舍弟亦解罷當求鄉里一任與之西還近制既得連任

蜀中遂可歸老守死墳墓也心貌衰老不復往日惟念斗酒隻雞與親舊相從耳星橋別業比來更增葺否因便無惜一兩字

與王慶源二首

陵州遞中辱書及詩如接風論忽不知萬里之遠也即日履茲秋暑尊候何似某此粗遣雖有江山風物之美而新法嚴密風波險惡況味殊不佳退之所謂閑居食不足從官力難任兩事皆害性一生長苦心正謂此矣知叔文年來頗窘此事有定分但只以安健無事多子孫為樂亦可自遣何時歸休得相從田

里但言此心已馳於瑞草橋之西南矣秋暑更冀以時珍重

又

高密風土食物稍佳但省租公庫減削索然貧儉始至值歲飢人豪剽刼無虚日凡督捕姦宄五七十人近始肅然鬬訟煩簡稍葺治園亭居之亦粗可樂但時登高西南引領即悵然終日近稍能飲酒終日可飲十五銀盞他日粗可奉陪於瑞草橋路上放歌倒載也

荅金山寶覺禪師

去歲赴官迫於程限不能枉舟一别中流縱望雲山杳然有不可及之歎既渡江遂蒙輕舟見餞復得笑語一餉之樂暫荷之懷殆不可勝言别来因循未及奉書專人至辱教累幅慰諭反復讀之爽然如對妙論仍審比来法履佳勝某此粗遣但未有會見之期臨紙惘然惟萬萬自重至游堂記即當下筆遞中寄去近有後杞菊賦一首寫寄以當一笑

荅富道人

承録示祕方及寄遺藥具感厚意然此事本林下無以遣日聊用適意可也若待以為生則為造物者所

惡矣僕方苟禄出仕豈暇爲此謹却馳納且寄之左右異日歸田却咨請感愧之至

答周開祖

邇中辱書教累幅如接笑語即日遠想起居佳勝某此無恙已被旨移河中府候替人十二月上旬中行相去益遠矣往日相從湖山之景何緣復有别後百事紛紛皆不足道惟令舉逝去令人不復有意於兹世細思此公所以不壽者而不可得不免爲之出涕讀所示祭文紀述略盡其美甚善其家能入石否亦欲作一首哀詞未暇也當作寄去開祖筆力頗長魏

武所謂老而能學惟子與表伯業眞難得也寄示山圖欲尋善本而不可得者新詩清絶輙和兩首取笑浩然亭續和寄去今日大雪與客飲於玉山堂適遣人往舍弟處遂作此書手冷殊不成字惟兾自重而已

答蜀僧幾演

幾演大士㦸惠蟠龍集向已盡讀數冊廼詩廼文筆力奇健深增歎伏僕甞覯貫休齊巳詩尤多凡陋而遇知得名赫奕如此盖時文凋弊故使此二僧為雄強今吾師老於吟詠精敏豪放而汨没流俗豈亦有

幸不幸耶然此道固亦澹泊寂寞非以蘄人知而鼓譽也但鳴一代之風雅而已既承厚貺聊奉賡耳

與人

違去門下已八年愚魯罷殆人事廢書疏缺然怠慢之罪宜在譴絶比承柄用又不以時隨衆修賀蓋疎懶愧縮日復一日不知復憐恕之否即日履兹寒凝台候萬福某去替止數月而貧困難以赴闕相次乞江浙一郡君幸得之拜見未可期惟冀為國自重

荅張主簿

改歲無緣展慶伏惟履兹新春百福来集旬日前辱

教感服眷厚不即馳荅悚怍悚怍何日披奉但有馳
仰餘寒冀以時自重

與人二首

浙右之別遂不上問至今想必察其情也特枉書問
感慰無集比日起居何如涉海恬然繼以題擢衆論
翕然知忠信之可恃名實之相副也雅故之末欣慰
可量

又

前日使車道由郡下雖展接顏表殊慰瞻傃之懷惟
是禮勞不腆實深愧悚逮茲違間吏役絆攖未皇奉

書以伸惓惓之情特蒙高明遠貺珍牘披繹數四感仰交懷初暑微熱切承跋履之餘動止佳勝未緣會集臨紙增慨

與眉守黎希聲三首 徐州

傾向已久展奉無由竊計比日履茲酷暑起居佳勝某占籍部中不獲俯伏門下一修桑梓之儀瞻望鈴齋豈勝懷仰伏惟順時為民自愛

又

去歲王秀才西歸奉狀必達即日遠想起居佳勝承朝廷俯徇民欲有旨借留雖滯留高步士論未厭而

鄉閭之慶特以自私而已然山水之秀園亭之勝士人之衆多食物之便美計公亦自樂之忘歸也某久去墳墓貪禄忘家念之輙面熱但差使南北不敢自擇爾何時復得一笑為樂尚冀為時自重

又

向自寮得赴河中至陳橋受命改差彭城便欲赴任以兒子娶婦暫留城東景仁園中旦夕自汴東去愈遠風閤可勝悵然墳墓每煩戒敕惟增感噎堂兄欲葬祖墳為諸房衆多某既不敢果決恐衆意難允也乞知之

答李才元

熱甚竟不再別悵仰殊深辱教承起居佳勝寵惠皆奇筆雅制刻荷無已仁者之惠誠足慰彼黎庶然不知者以為見教以是搖之呵呵安道舍弟當具道盛意乍遠萬乞保重即復顯用以慰士望

答范蜀公

前日辱書并新詩累幅詞格清美欽味不釋手屬使者交至紛紛無暇裁謝後時再領手教愧悚無地比日起居何如未由披奉萬萬以時自重

答晁叔美二首

自别兩辱存問荷眷契之厚無以為喻日欲裁謝而
拙鈍懶放因循至今計明哲雅量不深譴過而自訟
亦久矣即日不審尊履何如某此無恙但奉行新政
多不如法勘劾相尋日俟汰遣耳若得放歸過淮必
遂候見未間為國自重

又

向承出按淮甸不即具賀幅者以吾兄素性亮直而
此職多有可愧者計非所樂耳然仁者於此時力行
寛大之政少紓吏民於網羅中亦所益不小此中常
賦之外徵歛雜出而塩禁繁密急於兵火民既無告

吏亦僅且免罪盍苟簡矣向聞吾兄議論頗與時輩不合今兹躬履其事必有可觀者矣令兄佳士久淹諸君亦自知之

與蒲廷淵

河中永洛出棗道家所貴事見真誥唐有道士侯道華嘗得無核者三食之後竟竊鄧太主藥上昇君到彼試求之但恐得之不偶然非力求所能致爾

與晁君成

苦寒審尊履佳勝新文極爲精妙久不見之甚慰喜莊子用志不分乃疑於神古語以疑爲似耳如易陰

疑於陽世俗不知乃改作凝不敢不告人還草草

與范子豐六首

伏審子豐南宫殊捷慶抃可量即日想已唱第必在高等期集之暇起居佳勝某更五七日泝汴愈遠左右臨書悵然惟祈慎重别膺亨寵

又

小事拜聞欲乞東南一郡聞四明明年四月成資尚未除人託為問看回書一報前所託殊不蒙留意恐非久東南遂請愈難望矣無乃求備之過乎然亦慎不可泛愛輕取也人還且略示諭

又

近專人奉狀達否即日起居何如貴眷各安局事漸清簡否某幸無恙水旱相繼流亡盜賊漸起決口未塞河水日增勞苦紛紛何時定乎近乞四明不知可得否不爾但得江淮間一小郡皆可樂更不敢有擇也子豐能為一言於諸公間乎試留意人還仍乞一報幸甚奉見無期惟萬萬以時自重

又

稍不通問伏想起居佳勝侍郎丈必在郊外過夏台候必更康安某此與幼累如常八月九月間秋水既

過彭城城下徹脩高麗使已還四明可以易守當更理前請也會合杳未有涯萬萬自重

又

南方夏熱殊非中原之比入秋稍得清涼然夏田旱損七八塩法更變課入不登雖閑局不免以此爲累自餘粗如常也子中子老頃在左右今已赴官未何時參候北望不勝馳情

又

新珠想日長進愛婿無恙甚望丈人高等待乞利市也納銀一笏託用買圓熟珠子二千枚少錢告那出

便納上昏嫁所須不可柰何甚非情願幸留意承問似叔頗長成每日作詩讀史但蒙拙少訓督耳内孫想益聰淑諸郎娘各計安也

答王慶源

久以官冗不暇上問忽辱手訊喜知車從已達輦下起居佳勝即日南宫必榜出矣淪屈已久必遂了當欣賀良深来書謙抑過當四方赴者甚衆豈獨吾叔元昆勸駕良合事宜恨此拘繫無緣於東華門外奉接京師一别二十餘年豈惟吾儕衰老可歎至於都城風物事體索然無復往時矣東南守官極可樂而

民間蹙迫不聊生懷抱殊不佳深願慶源了當後千萬一来相從數月少慰平生幸勿以他事為辭至懇至懇

答参寥

别来思企不可言每至逍遥堂未嘗不悵然也為書勤勤不忘知此仍審比来法體康佳感服無至三詩皆清妙讀之不釋手且和一篇為答所要眞贊尚未作来人又不敢久留甚愧知且伴太虚為湯泉之遊甚善甚善某開春乞江浙一郡俟見去處當以書奉約也要墨納兩笏皆佳品也餘惟為法自重適有數

客遠来相看陪接少暇奉啓不盡意

與文與可三首 徐州

與可抱才不試循道彌久尚未聞大用公議不厭計當在即然廊廟間誰為卹公議者乎老兄既不計較但作失為郡之樂而有桂玉之困又却不見使者觜面得失相乘除亦略相當也彭門無事甚可樂但未知今夏得免水患否子由頻得書甚安示諭秋冬過親甚幸甚幸令嗣昆仲各計安勝為學想皆成就矣

又

離浙中已四年向亦有少浙物久已分散零落矣有

藥玉船兩隻獻上恰好吻酌不通客矣呵呵杭州故人頗多致之不難當續營之但恐得後不肯將盛作見借也

又

近屢於相識處見與可近作墨竹惟劣弟只得一竿耒說字說潤筆只到處作記作賛備貢火下亦合剩得幾紙專令此人去請幸毋久秘不爾不惟到處亂畫題云與可筆亦當執所惠絶句過狀索二百五十疋也呵呵

與鮮于子駿三首

久不奉狀方深愧悚遞中伏辱手教并新文石刻等
疾讀喜快無量即辰起居佳否公文學德度宜在朝
廷久此遠外何也然聞一路蒙被仁政不爾吏民皆
在倒懸中也況鄉井墳墓在焉討居之甚以為樂某
到郡正一年諸況粗遣歲凶民貧力所無如之何者
多矣然在己者未嘗敢行所愧也如此而已忝厚眷
故及未緣瞻奉惟冀以時自重

又

忝厚眷不敢用啓狀必不深訝所惠詩文皆蕭然有
遠古風味然此風之亡也久矣欲以求合世俗之耳

目則踈矣但時獨於閑處開看未甞以示人蓋知愛之者絕少也所索拙詩豈敢措手然不可不作特未暇耳近却頗作小詞雖無柳七郎風味亦自是一家呵呵數日前獵於郊外所獲頗多作得一闋令東州壯士抵掌頓足而歌之吹笛擊鼓以為節頗壯觀也寫呈取笑

又

故人劉格字道純故友劉恕道原之親弟讀書强記辯博文詞粲然可觀而立節强鯁吏事亦健君實頗知之餘人未識也欲告子駿與一差遣收置門下公

若可以踏逐辟召幸先之敢保稱職也旦夕歸南康軍待闕公若有以處之他必願就也某非私之也為時惜才也

與何正道教授三首 一作何正通

忝命假守出於奬庇禮當詣謝以衰疾疲曳不給於力愧悚無已乍熱起居佳勝登舟迫遽不果造別益增仰戀

又

辱書承起居佳勝鄉校淹留然使徐之士子識文章瑰瑋之氣非小補也某又復西上紛紛無補甚愧朋

友矣

又

張聖途來稍聞動止為慰退之所難乃今見之大匠旁觀愧汗深矣行役匆匆不盡區區

與歐陽仲純五首

去歲城東屢獲陪從蒙益既多樂亦無量既別日苦賤事不克馳問慙負不可言即日起居何如見報除審簿信否殊不知即日從者所在徒有仰詠某蒙庇粗遣彭門本無一事足以藏拙河水一至事無不有中間幾殆者數矣必亦聞之今方稍安而夏秋之患

未可量盖命窮所至感召此何時復得一笑之樂也近時數首聊以破顏餘寒萬萬以時自重

又

伯仲叔弼昆仲各計安勝楊掾行速未及拜書乞道下懇子由在南都時得書無恙彭城最處下流水患甲於東北奏乞錢與夫為夏秋之備數章皆不報曹河若可塞固大善不爾倉卒之間不免調急夫使係省錢豈暇復稟命乎所費必多而為備不如先事之精也人微言輕信命而已仲純知我之深者聊復及之

又

去春寄舍國門屢辱臨顧喜慰無量別來逾年奔走俗狀未嘗通問瞻企徒深即日履此煩暑起居何如眷愛各安否傳聞車馬已到宛丘相去甚近書問自此可時相及矣千萬順時珎重

又

翟度者頃年在陳與之甚熟今作過海之行妻子仍在陳學幸略與垂顧

又

伯仲兄聞監西岸已視事未叔弼近託孫元忠附書

季嘿今安在因風無惜惠問宛丘誰與往還有可與語者否

答周開祖二首 湖州

別久思渴不言可知一路候問来耗忽辱教喜慰良深乍寒起居佳勝承脫湖北之行而得樂清正如舍魚而取熊掌甚可賀也某忝命甚便其私即遂面話此不盡懷

又

長篇奇妙無狀每蒙存錄如此之厚但賜多而報寡故人知其懃拙必不罪也今輙和一首少謝不敏且

資一笑惠及海味珎感来人遽還未有以報但愧怍無窮到郡不見令舉此恨何極嘗奠其殯不覺一慟有刻石必見之更不録呈有幹一一示及李無悔近見訪留此句餘亦許秋涼再過也

荅吕熙道二首

平時企詠賢者獨恨闊闕耳既至治下謂當朝夕繼見而病與人事奪之又迫於行怱遽捨去可勝歎耶別来方欲上問先辱手教益增悚怍比日起居何如後會未可期惟萬萬以時自重

又

南都佳半月怳然如一夢耳思企德義每以悵然舍弟朴訥寡徒非長者輕勢重道誰肯相厚者湖州江山風物不類人間加以事少聽是真拙者之慶有幹不外

答范純夫

向者深望軒從一来而還領手示知徑赴治實增悵惘比日起居佳勝日對五老想有佳思此間湖山信美而衰病不堪煩但有歸蜀之興耳未由會集千萬以時自愛

與道甫

昨日特蒙不外鄙拙袖出盛文相示辭贍格老覽之令人亹亹忘倦非大手筆未易至此受教良多不敢擅為巾笥之藏謹令人歸納文府伏乞視至未審從人何日成行亦須示諭

與孫子思七首

奉别未幾思企已深比日起居佳勝闢軒從及境即遂披對豈勝慰喜

又

事冗有踈上謁思企之深不審起居佳否来日輙欲邀從者同憲車議少事本欲躬詣為公擇見訪不果

幸賜臨顧

又

屢辱垂訪尚稽走謁經宿起居佳否借示諸刻一清心目又足見雅尚之不凡也謹却馳納

又

過辱枉顧知事務冗迫不敢久留語紙軸納去餘空紙兩幅留與五百年後人跋尾也呵呵耘叟詩亦佳

又

疊辱車騎往謝甚踈惟故人深照不以為譴也經宿尊候佳勝書四紙并藥方馳上方須面授其秘也并

覕不一一

又

近辱軒從雖屢接奉既别思仰無窮人事衮衮未遑
上問先枉寵訊伏審起居佳勝感慰兼深仲通来知
在府中計與子由輩游從甚樂未緣再會惟萬萬以
時自重

又

比来新詩必多無緣借觀豈勝渴仰示諭諸公處敢
不出力但恐言輕不能有益耳

與程得聖秘校二首

近省榜到郡首承高過歡慰可量況困累年行業充富鄉曲榮耀交游喜快甚休甚休春風暄和奉計即日起居安勝御試必更在高等盤桓都下爲況何如惟順時珍愛

又

某去秋因鄉人自高密過此託致手書不知達否奉違累歲無緣一接談笑傾仰殊甚榜中鄉人所識惟吾兄一人其餘豈盡新俊耶車馬必少留都下因風無惜惠問

與人

託庇隣封每荷存記特辱榮訊愧汗可量即辰履茲

霜候起居佳勝未緣叅見惟日瞻企尚冀以時珎衛

區區

與樂推官黄州

疊辱臨訪欲少欵奉多事因循繼以卧病愧負深矣

數日起居佳否知明日啓行無緣面別尚冀保練慰

此區區

答李昭玘

無便久不奉書王子中来且出所惠書益知動止之

詳爲慰無量比日尊體何如既拜賜雪堂新詩又獲

觀貿日軒諸詩文耳目眩駭不能窺其淺深矣老病
廢學已久而此心猶在觀是下新製及魯直無咎明
略等諸人唱和於拙者便可格筆不復措辭近有李
豸者陽翟人雖狂氣未除而筆墨瀾翻已有漂沙走
石之勢甞識之否子中殊長進皆左右之賜也何時
一笑未間惟萬萬自重

荅范蜀公四首

李成伯長官至辱書承起居佳勝甚慰馳仰新居已
成池圃勝絶朋舊子舍皆在人間之樂復有過此者
乎某凡百粗遣春夏間多患瘡及赤目杜門謝客而

傳者遂云物故以為左右憂聞李長官說以為一笑
平生所得毀譽殆皆此類也何時獲奉几杖臨書惘惘

又

蒙示諭欲為卜隣此平生之至願也寄身函丈之側
旦夕聞道又況忝姻戚之末而風物之美足以終老
幸甚幸甚但囊中止有數百千已令兒子持往荆渚
買一小莊子矣恨聞命之後然京師尚有少房緡若
果許為指揮從者幹當賣此業可得八百餘千不識
可納左右否所賜手書小字如芒知公目益明此大
慶也某早衰多病近日亦能屏去百事澹泊自持亦

便佳健異日必能陪從也

又

承別紙示諭麴糵有毒平地生出醉鄉土偶作祟眼前妄見佛國公欲哀而救之問所以救者小子何人固不敢不對公方立仁義以為城池操詩書以為干楯則舟中之人盡為敵國雖公盛德小子亦未知勝負所在願公宴坐靜室常作是念當觀彼能惑之性安所從生又觀公欲救之心作何形段此猶不立彼復何依雖黃面瞿曇亦須斂衽而況學之者耶聊復信筆以發公千里一笑而已

又

顛仆罪戾世所鄙遠而丈丈獨收録欲令撰先府君墓碑至為榮幸復何可否之間而不肖平生不作墓誌及碑者非特執守私意盖有先戒也反覆討慮愧汗而已仁明洞照必深識其意所賜五體書謹為子孫之藏幸甚幸甚無縁躬伏門下道所以然者皇恐之至

答言上人

去歲吴興倉卒為别至今耿耿譴居窮陋往還斷盡遠辱不遺尺書見及感怍殊深比日法體佳勝扎翰

愈精健詩必稱是不蒙見示何也雪齋清境發於夢想此間但有荒山大江脩竹古木每飲村酒醉後曳杖放脚不知遠近亦曠然天真與武林舊游未見議優劣也何時會合一笑惟萬萬自愛

荅通禪師

謫居窮僻懶且無便書問曠絶故人不遺兩辱手教具審比來法體甚輕安感慰深至僕晚聞道照物不明陷於吏議愧我道友所幸聖恩寬大不即誅殛想亦大善知識法力冥助也禄廩既絶因而布衣蔬食於窮苦寂澹之中却粗有所得未必不是晚節微福兩

書開諭周至常置座右也未緣展謁萬萬以時自重

答道源秘校

謫居窮陋首見故人釋然無復有流落之歎衰病奇拙所向累人自非卓然獨見不以進退爲意者誰肯辱與往還每惟此意何時可忘别来又復初夏思企不可言遠想即日尊候佳勝兩辱手書懶不即荅計已獲罪左右然惟故是能知其性氣蓋懶作書者有素耳中實無他也更望寛之知到官又復對換想高懷處之無適而不可江令竟不肯少留健決非庸人所及也無由面見以時自重

與王慶源

竄逐以來日欲作書爲問舊既懶惰加以閑廢百事不舉但懸怍而已即日體中何如眷愛各佳某幼累並安但初到此喪一老乳母七十二矣悼念久之近亦不復置懷寓居官亭俯迫大江几席之下雲濤接天扁舟草屨放浪山水間客至多辭以不在往來書疏如山不復荅也此味甚佳生來未嘗有此適知之免憂近文郎行寄紙筆與叢郎到甚遲也未緣會面惟萬萬自愛

荅李寺丞二首

久别渴詠遞中辱書且審起居清勝至慰至慰某謫居粗遣廢棄之人每自嫌鄙況於他人君獨收卹有加平素風義之厚𣅜以愧激頹靡也未緣會見萬萬以時自愛

又

遠蒙分輟清俸二千極愧厚意然長者清貧僕所知也此不敢請又重違至意輙請至年終来春即納上感愧不可言也僕雖遭憂患狼狽然匹如當初不及第即諸事易了荷憂念之深故以觧懸慮

與陳季常九首

近因往螺師店看田既至境上潘尉與龐醫来相會因視臂腫云非風氣乃藥食毒也非鍼去之恐作瘡乃已遂相率往麻橋龐家住數日鍼療尋如其言得愈矣歸家領所惠書及藥併荷憂愛之深至仍審比来起居佳安曾青老翁湏傳燈録皆已領一一感佩五代史亦收得所看田乃不甚佳且罷之蘄水溪山乃爾秀邃耶龐醫熟接之乃奇士知新屋近撰本草爾雅（謂一物而多名也）見劉頌具説深欲走觀近得公擇書云四月中乃到此想季常亦未遽北行當與之偕往耳非久太守處借人遣賫家傳去別細奉書

又

紫炭已領感作感作東坡昨日立木殊耽耽也

又

王家人力来及專人并獲二緘及承雄篇賛詠異夢證成仙果甚喜幸也某雖竊食灵芝而君爲國鑄造藥力縱在君前陰功必在君後也呵呵但累書听流言以誣平人不得無所損也懸弧之日請一書示諭當作賀詩切祝切祝比日起居佳否何日決可一游郡城企望日深矣臨皐雖有一室可憩從者但西日可畏承天極相近或門前一大舸亦可居到後相度

未聞萬萬以時自重

又

欲借易家文字及史記索隱正義如許告季常為帶來季常未嘗為王公屈今乃特欲為我入州州中士大夫聞之聳然使不肖增重矣不知果能命駕否春甕但不惜不須更為恨也

又

鄭巡檢到領手誨具審到家尊履康勝羈孤結戀之懷至今未平也數日前率然與道源過江游寒溪西山奇勝殆過於所聞獨以坐無狂先生為深憾耳呵

呵示諭武昌田曲盡利害非老成人吾豈得聞此送還人諸物已領易義須更半年功夫練之乃可出想秋末相見必得拜呈也近得李長吉二詩録去幸秘之目疾必已差茂木清陰自可愈此餘惟萬萬順時自重

又

示諭武昌一策不勞營為坐減半費此眞上策也然某所慮又恐好事君子便加粉飾云擅去安置所而居於别路傳聞京師非細事也雖復往来無常然多言何所不至若大霈之後恩旨稍寛或可圖此更希

為深慮之仍且寄之為上

又

稍不奉書渇仰殊深辱書承起居佳勝新居漸畢工甚慰想望數日得君字韻詩茫然不知醉中拜書道何等語也老息婦云一絶乞秀英君大為愧悚眞所謂醉時是醒時語也蒙不深罪甚幸雖知來篇非實語猶且收執庶幾萬一莫更要寫脊記否呵呵柳簿云某奉訝者不知得之於誰安有此理來書雄冠之語亦無人見但有荅柳二書云陳季常要寫脊記欲與寫云文武家寮常居禄位亦如與季常書作戲耳

何名為訝𢧐想公必不以介意不荅最妙日夜望季常入州但可惜公擇將至若不爭數日而吾三人者不一相聚劇飲數日為可惜耳有人往舒五七日必回可見其的若不来續以書布聞茶臼更留作樣幾日日近新闋甚多篇篇皆竒遲公来此口以傳授餘惟萬萬自愛

又

疊辱来貺且喜尊體已全康復然不受盡言遂欲聞公何也公之養生效歲有成績今又示病彌月雖使皐陶聽之未易平反公之養生正如小子之圓覺可

謂害脚法師鸚䳇禪五通氣毬黄門妾也至禱

又

孫巨源之姪甚佳士兼甚仰盛德云當去請見某告以季常不蓄烏巾十餘年矣又不欲便褁帽奉謁他必自去見公也鎮中得一好官人亦非細事叔宣書已附去西方多事此君却了得莫遂奮起否見報趙二罷相州取勘他稱病乞不下獄不知為何事私甚憂之公聞其詳否又報舒宣乞郡閑知之

荅吴子野四首

濟南境上為别便至今矣其間何所不有置之不足

道也專人来忽得書且喜居鄉安穩尊體康健某到
黄已一年半處窮約故是宿昔所能比来又加便習
自惟罪大罰輕餘生所得君父之賜也躬耕漁樵眞
有餘樂承故人千里問訊憂卹之深故詳言之何時
會合臨紙惘惘

又

承三年廬墓葬事誠盡又以餘力葺治園亭教養子
弟此皆古人之事業所望於子野也復覽諸公詩文
益增愧歎介夫素不識之筆力乃爾奇逸耶僕所恨
近日不復作詩文無緣少述高致但夢想其處而已

子由不佳得書無恙寄示墓誌及諸刻珎感㥨直講一帖不類近世筆迹可愛可愛近日始解畏口慎事雖已遲猶勝不悛也奉寄書簡且告勿入石至懇至懇

又

寄惠建茗數品皆佳絶彼土自難得更蒙輟惠慚悚慚悚沙魚赤鯉皆珎物感怍不可言扶劣膏不識其為何物但珎蔵之莫測所用因書幸詳以示諭也近有李明者畫山水新有名頗用墨不俗輙求得一横卷長可用木床繞屛附来人納上江郡乃無一物

為回信慙悚之至兒子無恙承問及

又

每念李六丈之死使人不復有處世意復一覽其詩為涕下也黄州風物可樂供家之物亦易致所居江上俯臨斷岸几席之下即是風濤掀天對岸即武昌諸山時時扁舟獨往若子野北行能迂路一兩程即可相見也

與李公擇二首

知治行窘用不易僕行年五十始知作活大要是慳爾而文以美名謂之儉素然吾儕為之則不類俗人

眞可謂澹而有味者又詩云不戢不難受福不那口體之欲何窮之有每加節儉亦是惜福延壽之道此似鄙吝且出之不得已也然自謂長策不敢獨用故献之左右住京師尤宜用此策也一笑

又

示及新詩皆有遠別惘然之意雖兄之愛我厚然僕本以鐵心石腸待公何乃爾耶吾儕雖老且窮而道理貫心肝忠義填骨髓直須談笑死生之際若見僕困窮便相憐則與不學道者大不相遠矣兄造道深中必不爾出於相愛好之篤而已然朋友之義專務

規諫輙以狂言廣兄之意爾雖懷坎壈於時遇事有可尊主澤民者便忘軀爲之禍福得喪付與造物非兄僕豈發此看訖便火之不知者以爲詬病也

答湖守刁景純二首

因循不奉書不覺歲月乃爾久耶過辱不遺遠賜存問感激不可言也比日竊惟鎮撫多暇起居勝常吴興風物夢想見之嘯詠之樂恨不得相陪闘風謡藹然足慰所望夏暄萬萬自重

又

舊詩過煩鐫刻及墨竹橋字并蒙寄惠感愧兼集吴

興自晉以来賢守風流相望而不肖獨以罪去垢累溪山景純相愛之深特與洗飾此意何可忘耶在郡雖不久亦作詩數十首久皆忘之獨憶四首録呈爲一笑耘老病而貧必賜清顧幸甚

荅蘇子平先輩二首

違別滋久思詠不忘中間累辱書教久不荅知罪知罪遠煩專使手書勞問且審比日起居佳安慰慰殊甚書詞華潤字法精美以見窮居篤學日有得也某凡百粗遣厄困既久遂能安之昔時浮念雜好掃地盡矣何時會合慰此惘惘

又

遠煩遣僕手書足矣更蒙厚惠足下困約中何力致此愧灼不可言已一一依數領訖感怍而已兒子令往荆南幹少事未還還即令荅教也所要先丈哀詞去歲因夢見作一篇無便寄去今以奉呈無令不相知者見若入石則切不可也至祝至祝

與蔡景繁十四首 黄州

自聞車馬出使私幸得託迹部中欲少布區區又念以重罪廢斥不敢復自比數於士友間但愧縮而已豈意仁人矜閔尚賜記録手書存問不替疇昔感悚

不可言也比日履茲煩暑尊體何如無緣少奉教誨臨書悵惘尚冀以時保順少慰拳拳

又

近奉書想必達比日不審履茲隆暑尊體何如某卧病半年終未清快近復以風毒攻右目幾至失明信是罪重責輕召災未已杜門僧齋百想灰滅登覽遊從之適一切罷矣知愛之深輒以布聞何日少獲瞻望前塵惟萬萬為時自重

又

某謫居幽陋每辱存問漂落之餘恃以少安今者又

遂一見慰幸多矣衝陟薄寒起居何如區區之素即

獲面既

又

頒示新詞此古人長短句詩也得之驚喜試勉繼之

晩即面呈

又

違闊數日悽戀不去心切惟顧愛之厚想時亦反顧

也比来跋履之暇起居何如某蒙庇如昨度公能復

来當在明年秋矣某杜門謝客以寐默為樂耳乍遠

萬乞為國保重

又

凡百如常至後杜門辟觀雖妻子無幾見況他人也然雲藍小袖者近輒生一子想聞之一拊掌也惠及人參感感海上奇觀恨不與公同遊東海縣一帆可到聞益奇瑋曩恨不一往也公常往否大篇或可追賦果寄示幸甚幸甚

又

前日親見許少張暴卒數日間又聞董義夫化去人命脆促眞在呼吸間耶益令人厭薄世故也少張徒步奔喪死之日囊橐罄然殆無以斂其弟麻城令尤

貧云無寸攏可歸想公聞之悽惻也料朝廷亦憐之
如公言重可為一言否輒此僭言不深譴否

又

特承寄惠奇篇伏讀驚聳李白自言名章俊語絡繹
間起正如此耳謹已和一首并藏笥中為不肖光寵
異日當奉呈也坐廢已来不惟人嫌私亦自鄙不謂
公顧待如此當何以為報冬至後便杜門謝客齋居
小室氣味深美坐念公行役之勞以增永歎春間行
部若果至此當有少要事面聞近見一僧甚異其所
得深遠矣非書所能一一

又

承愛女微疾今必已全安矣某病咳逾月不已雖無可憂之狀而無憀甚矣臨臯南畔竟添却屋三間極虛敞便夏蒙賜不淺眴山臨海石室信如所諭前某嘗攜家一游時家有胡琴婢就室中作濩索涼州凜然有冰車鐵馬之聲婢去久矣因公復起一念果若游此當有新篇果爾者亦當破戒奉和也呵呵

又

近專人還奉狀必達忽復中夏永日杜門無如思渴仰何不審履茲薄熱起居何似向雖畫扇比已絕筆

昨日忽飲數酌醉甚正如公傳舍中見飲時狀也不覺書畫十扇皆遍筆迹麄略大不佳真壊却也適會人便寄去為一笑耳

又

黃陂新令李籲到未幾其聲藹然與之語格韻殊高比来所見縱小有才多俗吏儔輩如此人殆難得公好人物故輙不自外耳近葺小屋強名南堂暑月少紓蒙德殊厚小詩五絶乞不示人

又

辱書伏承尊體佳勝驚聞愛女遽棄左右切惟悲悼

之切痛割難堪柰何柰何情愛著人如黐膠油膩急手觧雪尚爲沾染若又反復尋繹更纏繞人矣區區頤公深照一付維摩莊周令處置爲佳也劣弟久病終未甚清快或傳已物故故人皆有書驚問眞爾猶不恤況謗傳耶無由面談爲耿耿耳何時當復迎謁未間惟萬萬爲國自重

又

近来頗佳健一病半年無所不有今又一時失去無分毫在者足明憂喜浮幻舉非眞實因此頗知衛生之經平日妄念雜好掃地盡矣公比来諸況何如剗

刷之来不少勞乎思渴之至非筆墨所能盡也

又

西閣詩不敢不作然未敢便寫板上也閣名亦思之未有佳者蔡謨蔡廓名父子也晉宋間第一流輙以仰比公家不知可否徐秀才前曾面聞留此書令請見此人有心膽重氣義試收録之異日或有用也公許寄石硯若有餘者可輟即付徐可也

與吴子野二首

少時在册府嘗及接見先侍講下風死生契闊俯仰一世乃與君相遇江湖感嘆不已辱訪山中殊不盡

款意數日起居佳否以拙疾畏風不果上謁觧去漸遠萬萬以時自重

又

令子秀才辱長牋之賜辭旨清婉家法凜然欽味不已老拙何以為謝但有愧負

與幾道宣義

久放江湖務自屏遠書問之廢無足深訝比日侍奉之暇起居何如某凡百如舊向者以公擇在舒時嘗相過既去索然無復往還每思檻泉之遊宛在目前聞河決陽武歷下得無有曩日之患乎得暇遺數字

慰此窮獨

與江惇禮秀才五首

罪廢屏居忽辱示問累幅粲然覽之茫然自失比日侍奉外起居無恙僕雖晚生猶及見君之王父也追想一時風流賢達豈可復夢見哉得所惠書詞章溫雅指趣近道庶幾昔人三復甚喜獨恨所稱道過當舉非其實想由相愛之深不覺云耳自是可畧之也久不得貢父翁書因家信畧為道意無緣面言臨紙惘惘

又

向示非國語論鄙意素不然之但未暇為書爾所示甚善柳子之學大率以禮樂為虛器以天人為不相知云云雖多皆此類爾此所謂小人無忌憚者君正之大善至於時令斷刑貞符四維之類皆非是前書論之稍詳今冗迫粗陳其畧須見乃盡言然迂學遠世不敢自是因君意合偶復云爾

又

所示徐君為朝中知之者亦衆不肖固甞愛仰然老朽無狀豈能為之增重向者亦獲從諸公之後時掛一名以發揚遺士而近者不許連名此事便不繼然

所示亦當在心有問焉固當以此告也

又

疊辱臨顧感怍無量録示神告得聞前人偉蹟固後生之幸然事體不小未敢輒作文字非面莫究也

又

十論十二說已一再讀矣不獨歎文詞之美亦以見存誠求道之至也科舉數不利想各有時箕裘不廢半年可必也曾過江遊寒溪西山否見邑人王文甫兄弟為致意近有書必達之矣

與徐司封

適辱車騎寵存感怍無窮晩来尊體佳勝某與陳君畧出至安國遂覺拙疾稍作欲告明日少休後日恭與盛集可否無狀慙負多矣幸甚

荅湖守滕達道

忽復中夏永日杜門思仰無窮比来起居何如張奉議来稍獲聞問甚慰所望府第已成雄冠荆楚足使来者想見公之風度無緣一寓目但有企想

荅陳季常三首

佚馬鋪行奉書未達間領来誨具審起居佳勝至慰至慰荅京洛書過當過當此何足稱先生篤於風義

至自剳瘦脛以啖我可謂至矣然以化不為鷺鷥者則恐未能也彼不相知者視僕之飢飽如觀越人之肥瘠耳雖象亦未易化也鄉諺有云鈌口鑷子者公識之乎想當拊掌絶倒知過節入州甚幸未閒萬萬自重鈌口鑷子者取一毛不拔恐未嘗聞故及

又

別後凡四辱書一一領厚意具審起居佳勝為慰又惠新詞句句警拔詩人之雄非小詞也但豪放太過恐造物者不容人如此快活一枕無礙睡輒亦得之耳公無多奈我何呵呵所要謝章寄去聞車馬早晚

北来恐此書到日已在道矣故不覼縷

又

置中疊辱手示并惠果羞感愧增極酒隱堂詩當塗中抒思不敢草草作公是大檀越豈復持牌也一笑

與錢世雄

久不奉書蓋無便亦懶怠之罪未深訝否比日起居何如某與賤累如常曾託施宣德附書及遺教經跋尾必達也吴江宦況如何僚有佳士否垂虹閘已復舊信否旅寓不覺歲復盡江上久居益可樂但終未有少田生事漂浮無根爾兒子明年二月赴德興人

口漸少當稍息肩餘無可慮會合何時萬萬自愛因便往三衢奉啓

答任德翁

自蒲老行後一向冗懶不作書子姝来領手教感愧無量仍審尊體佳勝爲慰昆仲首捷聞之欣快起我衰病矣當遂冠天下士蔡州未足云也陳季常歸又得動止之詳小四乃能爾師中不死矣此間凡事可問大小更不覼縷未期會晤萬萬自愛

與周主簿

罪廢衰朽過辱臨顧增愧汗也晚来起居佳勝甚欲

詣謝巾褐草野不敢造門幸加矜恕

與知郡朝散

前日辱降屈業已不出無緣造謝信宿尊體萬福鎬州茶芽少許謾納上并利心肺藥方拜呈范醫昨呼與語本學之外又通星曆甚可佳也

與文郎

不審荼毒以来氣力何似變故如昨兩易晦朔追慕無窮柰何柰何中前人還辱書重增哽噎吾親孝誠深篤若不少節哀摧惟意所及不以後事為念何以仰慰堂上之心惟萬萬寬中強食

與楊元素八首

近兩辱手教以多病不即裁謝愧悚殊深比日仰惟履茲溽暑台候清勝某病後百事灰心無復世樂然内外廓然皆獲輕安何時瞻奉畧道所以然者未間伏惟為時自重

又

涉暑疲劬書問稍缺愧仰無量比日起居勝常近領手誨承小疾盡去體力加健此大慶也更望倍加保嗇側聽嚴召以慰輿論

又

承令弟見訪岸下無泊處又苦風忽忽別去至今不足示諭田事方憂見罪乃蒙留念如此感幸不可言其都不知彼中事但公意所可無不便者軍屯之東三百石者便為下狀甚佳李教授之兄又云官務相近有一莊大佳（此彭寺丞見報）亦閑與問看今日章質夫之子過此已託於舟中載二百千省上納到乞與留下果蒙公見念令有歸老之資異日公為蒼生復起當却為公葺治田園以報今日之賜也適新舊守到發冗甚不一一

又

示諭秀才唐君許為留念無令幹人久遠幹之幸甚幸甚某未能去此間更無人可以往幹必須至奉煩唐君也未甞相識便蒙開許必以元素之故也深欲作書為謝適陳甚非久别附問且乞道區區天覺彭寺丞皆蒙書示亦未及奉啓敢乞致下懇

又

遞中領手教伏審台候勝常為慰某凡百如舊近又大霈庶得歸農乎公決起典郡無疑也近嘉州魏秀才兄弟行附手問不審得達否歲行盡伏冀順時為人自重

又

筆凍寫不成字不罪不罪舍弟近得書無恙不知相去幾里但遞中書須半月乃至也奇方承録示感戴不可言固當珎秘也近一相識録得公明所編本事曲子足廣奇聞以為閑居之鼓吹也然切謂宜更廣之但囑知識間令各記所聞即所載日益廣矣輙獻三事更乞揀擇傳到百四十許曲不知傳得足否

又

近於城中葺一荒園手種菜果以自娛陳季常者近在州界百四十里住時復往来伯誠親弟近問之云

不曾參拜其人甚奇偉得其一詞以助本事

又

承示諭定襄胡家田公與唐彥議之必無遺策小子坐享成熟知幸知幸近答唐君書并和紅字韻詩必皆達矣胡田先佃後買所謂抱橋深浴把纜放舡也呵呵凡事既不免干瀆左右乞一面裁之不須問某也尚有二百千省若須使乞示諭求便附去見陳季常慥云京師見任郎中（其孚）之子欲賣荊南頭湖莊子（去府五六十里有米五百来石）厥直六百千先只要二百来千餘可迤邐還不知信否又見樂宣德言此田甚好但稅

稍重告為問看彭寺丞之流近日更不敢托他也浼亂尊聽頁判不了也

答上官長官二首

專人至辱書及詩文二冊捧領驚喜莫知所從得伏觀書詞慱雅純健有味其言次觀古律詩用思深妙有意於古作者卒讀莊子論筆勢浩然所寄深矣非淺學所能到自惟無狀罪戾汨沒不緣半面獲此三既幸甚幸甚老謬荒廢不近筆硯忽已數年顧視索然無以為報但藏之巾笥永以為好而已適病中人還草率

又

詩篇多寫洞庭君山景物讀之超然神馳於彼矣見教作詩既才思拙陋又多難畏人不作一字者已三年矣所居臨大江望武昌諸山如咫尺時復葉舟縱遊其間風雨雲月陰晴蚤暮態狀千萬恨無一語略寫其彷彿耳會面未由惟萬萬以時珍重何時羨鮮當一過我耶

與人

示諭燕子樓記某於公契義如此豈復有所惜況得托附老兄與此勝境豈非不肖之幸但困躓之甚出

口落筆為見憎者所箋注兒子自京師歸言之詳矣
意謂不如牢閉口莫把筆庶幾免矣雖託云向前所
作好事者豈論前後即異日稍出災危不甚為人所
憎當為公作耳千萬哀察

與巢元脩

日日望歸今日得文甫書乃云昨日始與君瑞成行
東坡荒廢春笋漸老餅餤已入末限聞此當俟駕耶
老兄別後想健某五七日来苦壅嗽殊甚飲食語言
殆廢緦有樂事今日漸佳近日牢城失火燒蕩十九
雪堂亦危潘家皆奔避堂中飛焰已燎簷矣幸而先

生兩瓢無恙四栢亦吐芽矣

與千乘姪

念二秀才别來又復春深相念不去心邁自北還得手書及見數詩慰喜不可言日月不居奄已除服哀念忽忽如何可言久不知鄉書想諸叔已下各安子明微累想免矣因書略報大舅書中甚相稱更在勉力副尊長意家門凋落逝者不可復如老叔固已無望而子明子由亦已潦倒頭顱可知正望姪輩振起耳念此不可不加意未由會合千萬自愛

與蒲傳正

千乘姪屢言大舅全不作活計多買書畫奇物常典錢使欲老弟苦勸公畀意亦深以爲然歸老之計不可不及今辦治退居之後決不能食淡衣麄杜門絶客貧親知相干決不能不應副此數事豈可無備不可但言我有好兒子不消與營產業也書畫奇物老弟近年視之不啻如糞土也縱不鄙言爲然且看公亡甥面少留意也

與子明兄

兄才氣何適不可而數滯留蜀中此回必免衝替何似一入來寄家荆南單騎入京因帶少物來遂謀江

淮一住計亦是一策試思之他日子孫應舉遊宦皆便也弟亦欲如是但先人墳墓無人照管又不忍與子由作兩處兄自有三哥一房鄉居莫可作此策否又只恐亦不忍與三哥作兩處也吾兄弟俱老矣當以時自娱世事萬端皆不足介意所謂自娱者亦非世俗之樂但胸中廓然無一物即天壤之内山川草木虫魚之類皆是供吾家樂事也如何如何記得應舉時見兄能謳歌甚妙弟雖不會然常令人唱為何詞近作得歸去来引一首寄呈請歌之送長安君一盞呵呵醉中不罪

與子安兄

近於城中得荒地十數畝躬耕其中作草屋數間謂之東坡雪堂種蔬接果聊以忘老有一大曲寄呈為一笑為書角大遠路恐被拆更不作四小哥二哥及諸親知書各為致下懇巢三見在東坡安下依舊似虎風節愈堅師授某兩小兒極嚴常親自煮猪頭灌血睛作姜豉菜羮宛有太安滋味此書到日相次歲猪鳴矣老兄嫂團坐火爐頭環列兒女墳墓咫尺親眷滿目便是人間第一等好事更何所羨可轉此紙呈子明也近購獲先伯父親寫謝蔣希魯及第啓一

通躬親標背題跋寄與念二令寄還二哥因書問取

與王元直

黃州真在井底杳不聞鄉國信息不審比日起居何
如郎娘各安否此中凡百粗遣江上弄水挑菜便過
一日每見一邸報須數人下獄得罪方朝廷綜核名
實雖才者猶不堪其任况僕頑鈍如此其廢棄固宜
但有少望或聖恩許歸田里得欵段一僕與子衆丈
楊文宗之流往來瑞草橋夜還何村與君對坐莊門
喫瓜子炒豆不知當復有此日否存道奄忽使我至
今酸辛其家亦安在人還詳示數字餘惟萬萬保愛

答圓通秀禪師

聞名之久而得之詳莫如魯直亦如所諭也自惟潦倒遲暮五十終不聞道區區持其所有欲以求合於世且不可得而況世外之人想望而不之見耶不謂遠枉音問推予過當豈非醫門多病息黥補劓恃有良藥乎未脫罪籍身非我有無緣頂謁山門異日聖恩許歸田當畢此意也

答寶月大師三首

近遞中兩奉書必達新歲想法體康勝無緣集會悵望可量屢要經藏碑本以近日斷作文字不欲作既

遠書丁寍　又悟清日夜煎熬遂與作得寄去如不嫌
罪廢即請入石碑額見令悟清持書往安州干滕元
發大字不知得否其碑不用花草欄界只鐫書字一
味已有大字額向下小字但直寫文詞更不須寫大
藏經碑一行及撰人寫人姓名即古雅不俗切祝切
祝又有小字行書一本若有工夫更入一小横石亦
佳黄州無一物可充信建茶一角子勿訝塵凂餘惟
萬萬保練適冗中清師行奉啓草草

又

此間諸事但問清師即詳也清又游禮練事多能可

喜可喜海惠及隆大師各計安勝每念鄉舍神爽飛去然近来頗常齋居養氣自覺神凝身輕他日天恩放停幅巾杖屨尚可放浪於岷峨間也知吾兄亦清健髮不白更請自愛晚歲爲道侶也餘附清師口陳此不䙴縷

又

有吳道子絹上畫釋迦佛一軸雖頗損爛然妙迹如生意欲送院中供養如欲得之請示一書即爲作記并求的便附去可裝在版子上仍作一龕子此畫與前来菩薩天王無異但人物小而多耳

答趙昶晦之四首

性喜寫字而怕作書親知書問動盈篋笥而終歲不荅對之太息而已乃知剖苻南徼賢者處之固不擇遠近劇易矧風土舊諳習而兵興多事適足以發明利器但恨愚暗何時復得攀接耳

又

南事方興討賁郡亦非静處長者固自有處之矣聞廟畧必欲郡縣荒服就使必克正是添一熙河屯守餽餉中原無復寧歲況其不然憂患未易言也履險涉難可以濟者其惟邁德寡怨之君子乎

又

示諭處患難不戚戚只是愚人無心肝耳與鹿豕木石何異所謂道者何曾夢見舊收得蜀人蒲永昇山水四軸亦近歲名筆其人已亡矣聊致齋閤不罪浼瀆藤既美風土又少訴訟優游卒歲又復何求某亦甚樂此安土忘懷如一黃人元不出仕而已

又

久不奉狀懶慢之過遠辱信使慚愧交懷承被命再任遠徼不足久留賢者然彼人受賜多矣晦之風績素聞使者交章仚聞進擢以為交遊故人光寵

與蹇序辰四首

欲一奉見豈徒然哉深有所欲陳者而竟不遂可勝歎耶子由在部下甚幸但去替不遠耳輒有一書及少信煩從吏甚不當爾恃眷必不深責季常可勸之一起深欲圖其見坐處也一囑

又

前日已奉書昨日食後垂欲上馬赴約忽兒婦眩倒不知人者久之救療至今雖稍愈尚昏昏也小兒輩未更事義難捨去遂成失信想仁明必恕其不得已也然負愧深矣乍煖起居何如閒廢之人径往一見

謂必得之乃爾齟齬人事眞不可必也後會何可復期惟萬萬為國自重

又

江上一別今歲餘矣不謂尚蒙存記手書見及感愧不可言衡涉薄寒起居佳安甚慰所望承奉使江表鄉閭之末亦切以為寵但罷廢之餘不可復自比數故舊書詞過重只益惶悚且夕欲遂一見惟冀順候自重

又

不得一見而別私情甚不足人常蔽於安佚而達於

憂患頗深照此理况美才令聞豈久棄者耶

荅濠州陳章朝請二首 黄州

錢塘一別如夢中事爾後契闊何所不有置之不足道也獨中間述古捐舘有識相弔矧故人僚吏相受之深者然終無一字以解左右盖罪廢窮奇動輙累人故往還杜絶至今思之慙負無量昨遠辱書問便欲裁謝而春夏以来卧病幾百日今尚苦目病再枉手教喜知尊體康勝貴眷各佳安罪廢屏居交游皆斷絶縱復通問不過相勞慰而已孰能如公遠發藥石以振吾過者哉已往者布出不可復掩矣期於不

復作而已無緣一見臨紙耿耿萬萬以時自重

又

每辱不遺時枉書問感愧深矣比日起居佳勝某自竄逐以来不復作詩與文字所諭四望起廢固宿志所願但多難畏人遂不敢爾其中雖無所云而好事者巧以醞釀便生出無窮事也切望憐察示諭學琴足以自娛私亦欲爾但老懶不能復勞心耳有廬山崔閑者極能此遠来見客且留之時令作一弄也江倅逓中辱書此人回欲裁謝適苦寒嗽而此人又告去甚急故未果且為道此其子文格甚高議論與世

俗異也可畏劉宗古近過此甚安健絶無遷謫意江

親亦可與言

與徐得之十首

適辱手簡且審起居佳勝知當少留雪堂所需字詩

欵曲為之此與國書可便遣也

又

數日相從遽别情悰惘然晚來起居佳勝後會未可

期惟萬萬以時自重

又

十一郎昆仲不及再别惟節哀愼重爲禱葬期不遠

想途中不復滯留凡事稟議大阮為佳仍恕造次

又

昨日已别情悰惘然辱教喜起居佳勝風雨如此淮浪如山舟中摇撼不可存濟亦無由上岸但闔户擁衾耳想來日亦未能行若再訪幸甚

又

逾年相從情均骨肉乍此遠别悵戀可知辱書承起居佳勝為慰來日離此水甚慳澁不知趂得十五日上否得之亦宜早發勉此歲月間早遂定居為佳也餘萬萬自重

又

小兒蒙下問未暇上狀不罪宗人過望皆公之賜也

叨恩叨恩公不能無愧更爲多致謝懇也

又

承舟御不遠數百里相從風義之重感慰何極經宿

起居何如郡中雖留數日竟少暇陪接又不得一候

館舍遂爾遠别可量悵惘

又

得之晚得子聞之喜慰可知不敢以俗物爲賀所用

石硯一枚送上須是學書時矣知似太早計然俯仰

間便自見其成立但催迫吾儕日益潦倒爾恐得之
惜别又復前去家中關人抱孩兒深為不皇呵呵

又

别後所辱手教一一皆領罕遇信便不克裁謝甚愧
負也再到舊遊不見故人深為惘惘然喜久客牢落
得遂歸計也比日已還侍下起居佳勝會合何時臨
書悵然

又

定省之暇稍葺閑軒簞瓢雞黍有以自娛想無所慕
於外也閩中多異人隱屠釣得之不為簪組所縻倘

得見斯人乎僕益衰老強顏少留如傳舍耳因風時

惠問

答程彛仲推官二首

闊別永久多難流落百事廢弛不復通問獨吾兄不

忘疇昔時枉遠書感怍不可言仍審比來起居佳勝

又讀別紙所記山水園亭之勝廢卷閉目如到其間

幸甚幸甚吾兄潛德晚遇當遂光大惟厚自愛慰朋

友之望

又

某與幼累皆安子由頻得書無恙元修去已久矣今

必還家所要亭記豈敢於吾兄有所惜但多難畏人不復作文字惟時作僧佛語耳千萬體察非推辭也遠書不欲盡言所示自是一篇高文大似把飯叫飢聊發千里一笑會合無期臨書悽然

荅君瑞殿直

春来未嘗一日閑欲去奉謁遂成食言愧愧辱書承起居佳勝為慰君猷知四月末乃行猶可一見否乍暄惟萬萬自重

與景倩

昨日辱訪大慰久渴経宿起居佳勝食已本欲奉謁

適陳季常來故且已衆客頗懷公高論可能只令一
訪否禮不當爾意公期我於度外也

與趙仲修二首

瘡病不往見而仁人敦舊屢承車馬感愧不可言兩
涼切惟起居佳勝旦夕當獲面謝

又

公清貧更煩輟惠羊邊謹已拜賜使我有數日之飽
公亦乃無淡旬蔬食耶一噱

與人二首

兩日瘡痛殊甚不果見辱簡且喜佳勝二詩高妙讀

之喜慰幸甚病中裁謝草草

又

兩日瘡痛不出思渴思渴今猶楚痛未已鍾乳九更求數服吐血者復作也不罪不罪

與孟亨之

今日齋素食麥飰筍脯有餘味意謂不減芻豢念非吾亨之莫識此味故餉一各并建茗兩片食已可與道媪對啜也

與何聖可

辱示朱先生所著書詩詞義深矣淺學曾不足以窺

其萬一結髪求道篤老不衰世閒有幾人而匏繫於此不得一望其履幕慨歎不已久廢筆硯無以報此嘉貺益增愧赧

與毛維瞻

歲行盡矣風雨淒然紙窗竹屋燈火青熒時於此閒得少佳趣無由持獻獨享爲愧想當一笑也

與劉器之

辱書極論内外丹事劣弟初不及此受賜多矣輒拜呈方丈銘一首更告與敲琢看唐彦道處亦有一贊并爲看過因家兄龟年行奉啓半醉中書字不謹

代夫人與福應眞大師

久不聞法音馳仰殊深即日遠想起居安穩皃隨夫遠謫百念灰滅持誦之餘幸無恙何時復見一洗嶺瘴春寒千萬爲法自重不宣旌德縣君王氏皃再拜

荅開元明座主二首

久别思企不忘辱書具審法履安勝爲慰賢上人前年来此尋往金山多時不得消息不知今安在也石橋用工初不減裂云何一水便爾敗壞無乃亦是不肖窮蹇所累耶何時復相見千萬保愛

又

開元大殿非吾師學行人神響應安能便成可喜可喜此書附聖傳塗中更不封勿訝勿訝

與無釋老師

吾師要寫大字特為飲酒數杯只用尋常小筆作二額八字者可入石六字可上碑兩旁刻年月日及官位姓名字小不稱大伽藍示及大筆皆市人用者不可使也惠及奇菽感服之至

與清隱老師二首

黃長生人来辱書承起居佳勝為慰示及黃君佳篇及山中圖刻欲令有所紀述結緣淨境此宿所願也

但多病久廢筆硯里中故人屢有求詩文者皆未能副其請也千萬勿訝

又

淨因之會茫然如隔生矣名言絶境寤寐不忘何日得脱纓絆一聞笑語思渴思渴

與人

辱書承起居清勝奇墨吾儕共寶併蒙輟惠慚悚之甚敬佩厚意也

與金山佛印禪師 離黄州

辱書伏承道體安佳甚慰馳仰見約遊山固所願也

方迫往筠州未即走見還日如約悤悤布謝

與王文甫

數日不審尊候何如前蒙恩量移汝州比欲乞依舊黄州住細思罪大責輕君恩至厚不可不奔赴數日念之行計決矣見已射得一舟不出此月下旬起發沿流入淮泝汴至雍丘陳留間出陸至汝勞費百端勢不得已本意終老江湖與公扁舟往来而事與心違何勝慨歎計公聞之亦悽然也甚有事欲面話治行殊未集冗迫之甚公能三兩日間特一見訪乎至望至望元弼藥并書乞便與送達三五日間買得瓷

𪓟更煩差人得否

東坡續集卷第五